MANFRED BAUMANN

Maroni, Mord und Hallelujah

MÖRDERISCHES SALZBURG Weihnachten in Salzburg. Der Duft von Punsch und Lebkuchen, das Glitzern von Christbaumschmuck, das fröhliche Lachen von Besuchern aus aller Welt auf dem berühmten Salzburger Christkindlmarkt rings um den Dom. Doch diese Idylle bekommt unversehens einen Riss: Ein Mann bricht, heftig blutend, zusammen, direkt vor Martin Merana. Als der Kommissar dem Verwundeten helfen will, steht plötzlich das Christkind vor ihm, blondgelockt, im goldenen Kleid, und zielt mit einer Waffe auf ihn. Merana traut seinen Augen nicht. Ein Christkind mit Pistole? Was dann folgt ist eine aberwitzige Rallye durch das weihnachtliche Salzburg, mit morzartkugelverteilenden Hirtenkindern, grimmigen Schiachperchten, geheimnisvollen Maroniverkäufern, verschwundenen Erzengeldarstellern, einander befehdenden Adventsingen-Veranstaltern und einem Christkind, das mit einer Glock 20, Kaliber 10 Millimeter herumläuft. Merana hat einiges zu tun, so wie auch Chefinspektorin Carola Salman und Abteilungsinspektor Otmar Braunberger in den weiteren Geschichten dieses Erzählbandes.

Manfred Baumann, geboren 1956 in Hallein/Salzburg, arbeitet seit 30 Jahren beim ORF (Österreichischer Rundfunk) als Redakteur und Moderator. Derzeit ist er Leiter der Programmgestaltung/Kreativredaktion und Leiter der Volkskultur im ORF-Salzburg. Er hat einen Lehrauftrag an der Uni Salzburg inne, daneben ist er auch als Autor, Regisseur und Kabarettist tätig.

www.m-baumann.at. Manfred Baumann ist auch bei Facebook.

Bisherige Veröffentlichungen im Gmeiner-Verlag:
Drachenjungfrau (2014)
Zauberflötenrache (2012)
Wasserspiele (2011)
Jedermanntod (2010)

MANFRED BAUMANN

Maroni, Mord und Hallelujah

Kriminelle Weihnachten

GMEINER *Original*

Besuchen Sie uns im Internet:
www.gmeiner-verlag.de

Im Ehnried 5, 88605 Meßkirch
Telefon 07575/2095-0
info@gmeiner-verlag.de

1. Auflage 2014

Lektorat: Claudia Senghaas, Kirchardt
Herstellung: Julia Franze
Umschlaggestaltung: U.O.R.G. Lutz Eberle, Stuttgart
unter Verwendung eines Fotos von: © bit.it/photocase.de
Illustrationen: Simone Hölsch, unter Verwendung von:
© Can Stock Photo Inc. / iaRada, © Can Stock Photo Inc. / Kamensky
Druck: GGP Media GmbH, Pößneck
Printed in Germany
ISBN 978-3-8392-1588-3

Personen und Handlung sind frei erfunden.
Ähnlichkeiten mit lebenden oder toten Personen
sind rein zufällig und nicht beabsichtigt.

MARONI, MORD UND HALLELUJAH

In dem Augenblick, als Martin Merana nach dem heißen Glühweinbecher griff, um mit seinen beiden Mitarbeitern Carola Salman und Otmar Braunberger anzustoßen, passierte zweierlei: Der Klang von Posaunen setzte ein, und es begann zu schneien. Das ist ja wie inszeniert!, dachte Merana. Die Bläser spielen *Leise rieselt der Schnee,* und der beginnt tatsächlich zu rieseln. Das fühlt sich an wie großes Weihnachtstheater. Er reckte das Gesicht zum Himmel, ließ die dicken Schneeflocken auf sein Gesicht gleiten, auf Stirn, Augen, Wangen, Nase. Er öffnete den Mund, spürte die kleinen weißen Schneekristalle, die sacht auf seiner Zunge landeten. Er fühlte sich um Jahrzehnte zurückversetzt, in seine Kindheit. Da hatte er es auch geliebt, sich die Flocken ins Gesicht tropfen zu lassen wie zarte, kitzelnde, erfrischende Küsse.

… freue dich, 's Christkind kommt bald.

Merana reckte den Hals. Er konnte nicht genau ausmachen, woher die Musik kam, das Gedränge rings um den Glühweinstand war zu dicht. Vermutlich waren die Musiker irgendwo unter den Dombögen postiert, vielleicht auch auf den Eingangsstufen der Kathedrale. Jedenfalls breitete sich der Klang der mehrstimmigen Bläserweise wie eine feine Decke über dem Platz aus. Merana hatte sich vor zwei Stunden gewundert, dass seine Stellvertreterin, Chefinspektorin Carola Salman, in sein Büro gekommen war, um ihn zu einem spontanen Besuch des

Christkindlmarktes in der Salzburger Altstadt zu überreden. Das war sonst gar nicht ihre Art. Er hatte gezögert, hatte erwidert, wenn schon, dann wolle er lieber zum Adventmarkt nach Hellbrunn. Aber dann war auch noch Otmar Braunberger dazu gestoßen, der meinte: »In Hellbrunn bist du ohnehin oft genug, Martin, lass uns in die Stadt gehen!« Und so stand er eben jetzt mit seinen zwei engsten Mitarbeitern vor der Glühweinhütte in der Mitte des Domplatzes, eingepfercht zwischen Weihnachtsengeln, Krippenfiguren, Lichterketten, Christbaumkugeln, duftenden Bratwürsten und Tausenden Besuchern, mit tanzenden Schneeflocken vor den Augen, und lauschte den Klängen des Bläserquartetts, das nun den Anfang von *Süßer die Glocken nie klingen* intonierte. Das Lachen, das an sein linkes Ohr drang, klang auch süß. Es kam von zwei Italienerinnen, die hellauf gluckst en und an ihren Gläsern mit ›Aperolpunsch‹ nippten. Dieses Gebräu war zur Zeit das absolute In-Getränk auf dem Salzburger Christkindlmarkt.

Wenn er sich recht erinnerte, dann gab es dieses vorweihnachtliche geschäftige Treiben rund um den Dom schon sehr lange. Und als hätte Abteilungsinspektor Otmar Braunberger Meranas Gedanken erraten, sagte er unvermittelt: »Was man bei den alten Weibern für schöne Sachen zu kaufen finden kann.« Der Kommissar wusste mit dieser Bemerkung seines Mitarbeiters nicht so recht etwas anzufangen. Auch die Chefinspektorin blickte leicht verwundert drein. »Keine Angst, Carola, das mit den *alten Weibern* ist keine Respektlosigkeit gegenüber der Damenwelt hier im weiten Rund, sondern ein Zitat aus dem 15. Jahrhundert.« Der Abteilungsinspektor lachte und hob seinen Glühweinbecher. Die Angesprochene verstand immer noch nicht, was Otmar Braunberger meinte. »Also gut, dann muss ich den beiden Chefermittlern eine kurze Einführung in die Geschichte des Salzburger Christkindlmarktes geben.« Bevor er dieses Vorhaben in die Tat umsetzte, wandte der Abteilungsinspektor sich kurz um und fragte den pausbäckigen Mann in der Glühweinhütte, ob er vielleicht ein kleines Bier haben könnte. Der Glühwein sei zwar sicher von edler Qualität, fügte Braunberger hinzu, und die raffinierte Gewürzmischung gewiss über alle Maßen zu loben, aber ein herzhaftes Hopfengetränk wäre ihm jetzt doch lieber. Der Pausbäckige grinste, langte unter die Schank, holte eine kleine Flasche hervor und reichte sie dem Polizisten. Der öffnete den Drehverschluss, nahm einen ausgiebigen Schluck und ließ im Ausatmen einen Ausdruck des Wohlwollens vernehmen.

»Also, meine Lieben, dann darf ich kurz ausholen. Die *alten Weiber*, bei denen man *schöne Sachen zu kaufen* findet, wie es in einem überlieferten Lied heißt, bezieht sich auf die Standlerinnen des alten *Tandlmarktes*, der schon im Mittelalter hier rings um den Dom abgehalten wurde. Daraus wurde allmählich ein beliebter und viel besuchter Vorweihnachtsmarkt, der im 17. Jahrhundert in den Chroniken als *Nikolaimarkt* auftaucht.«

»Das heißt, der Markt hatte damals nicht das *Christkind* im Namen, sondern den *Heiligen Nikolaus*.«

Der Abteilungsinspektor prostete Merana zu. »Wunderbar kombiniert, Martin. Man merkt halt doch, dass du der Chef bist.« Er zwinkerte dem Kommissar zu und lachte feixend.

Der Chef der Salzburger Kriminalpolizei boxte seinem Abteilungsinspektor freundschaftlich gegen den Oberarm. »Verarschen kann ich mich selber. Und du musst mir auch nicht erzählen, dass viele Jahrhunderte lang der Nikolaustag, also der 6. Dezember beziehungsweise der Vorabend, der eigentliche Gabentag in der Weihnachtszeit war. Einander Geschenke am 24. und 25. Dezember zu überreichen, ist eine viel jüngere Tradition.«

Braunberger hob erneut anerkennend die Flasche, ersparte sich aber jegliche Bemerkung. Carola prostete mit. Sie hatte einen Aperolpunsch gewählt, Merana war lieber beim guten alten Glühwein geblieben. Inzwischen waren die Bläser in der Ferne bei *Alle Jahre wieder* angekommen. Der Schneefall nahm zu. Auf den schwarzen Locken der immer noch glucksenden Italienerinnen bildeten sich weiße Flockenkronen. Merana blickte sich um. Ein vielstimmiges fröhliches Geschnatter, untermalt von Posaunenklang und Lachen, drang an sein Ohr. Fast eine Million Besucher aus der ganzen Welt kam jedes Jahr hierher, um in das funkelnde Glitzerreich des berühmten Salzburger Christkindlmarktes einzutauchen. »Also Martin, auf einen weiterhin schönen Abend!« Seine Stellvertreterin hob erneut ihr Punschglas. Während sie behutsam einen Schluck nahm, richtete sie ihren Blick auf den Kommissar. Es blitzte kurz in den grauen Augen auf, und ein seltsames Lächeln stahl sich in ihr Gesicht. So kam es Merana zumindest vor. Aber vielleicht waren es auch nur die Lichter der hell erleuchteten Stände der Umgebung, die sich auf dem Gesicht der Chefinspektorin spiegelten. Merana spürte, wie ihm plötzlich warm wurde. Kam das vom Glühwein? Gut, dass er nicht mit dem Auto in die Stadt gefahren war. Er würde wohl auch für die Heimfahrt ein Taxi nehmen und seinen Wagen in der Polizeidirektion stehen lassen. Er blickte hoch. Obwohl es in dicken Flocken auf sie herabschneite, und man den Eindruck hatte, eine weiße Decke schwebe über ihnen, gab es trotzdem einen Sternenhimmel auszumachen. Über ihnen schimmerten die vielen Lichter der großen sternförmig gespannten Girlanden, die sich über den gesamten Markt zogen. Ein Lichtermeer vor der hell erleuchteten Fassade des Doms. Das ist so kitschig, dass es schon wieder schön ist, dachte Merana. Und die weißen Mauern der Festung Hohensalzburg, die in der Entfernung hoch über ihnen von Scheinwerfern bestrahlt aus dem Schneeflockennachthimmel geschält wurden, verstärkten noch den märchenhaften Eindruck. Merana löste seinen Blick von Lichterketten und Festungszinnen. Gut, beschloss er für sich, einen Becher Glühwein noch, dann ist Schluss. Noch ehe er seine Bestellung äußern konnte, drückte ihm seine Stellvertreterin schon die dampfende, frisch gefüllte Keramikschale in die Hand. Wieder konnte er dieses schwer zu deutende Lächeln in Carolas Blick erkennen. Das verwirrte ihn. Wenn er es nicht aufgrund ihrer über die Jahre gewachsenen Freundschaft besser wüsste, würde er annehmen, sie versuchte mit ihm zu flirten. Er beugte sich vor und drückte der Chefinspektorin einen Kuss auf die Wange. Dabei mussten sich seine Lippen durch ein paar Schneeflocken auf Carolas Haut ihren Weg bahnen. »Mille grazie für den alkoholischen Nachschub, Frau Kollegin. Diesen einen Becher noch, dann lass ich es für heute genug sein.«

Er nahm vorsichtig einen Schluck, verbrannte sich dennoch leicht die Zunge. Und noch einmal vermeinte er, dieses seltsame Lächeln in Carolas Augen wahrzunehmen. Doch er kam nicht dazu, sich weiter Gedanken darüber zu machen, denn er spürte plötzlich einen heftigen Stoß im Rücken. Er drehte sich um, und konnte mit der freien Hand gerade noch verhindern, dass ein Mann mit dunkler Jacke und Umhängetasche zu Boden stürzte.

»Hallo, was ist mit Ihnen los? Ist Ihnen schlecht?«

Der Mann stöhnte. Seine Beine gaben nach, und er sackte in den Schnee. Merana vermochte ihn nicht zu halten. Ein paar der Umstehenden hatten die Szene mitbekommen. Rufe des Erschreckens wurden laut.

»Was ist denn mit dem los? Hat der zu viel gesoffen?«, kreischte eine Frau im orangefarbenen Anorak. Merana reichte Otmar seinen Becher und ging in die Hocke. Carola hatte sich ebenfalls hinuntergebeugt und versuchte, den Mann an der Jacke zu fassen, um ihm aufzuhelfen. Das Stöhnen wurde lauter. Die Chefinspektorin zog erschrocken die Hand zurück. Rote Flecken zeigten sich auf ihren Fingern.

»Blut. Der Mann ist schwer verletzt.« Nun war kein Lächeln mehr in ihrem Gesicht, nur Verwirrung. Merana richtete sich auf. Ist ein Arzt hier?, wollte er rufen, doch was er in diesem Augenblick sah, ließ ihn innehalten. Vor ihm stand das Christkind. Das wäre an sich noch nicht verwunderlich gewesen auf dem Salzburger Christkindlmarkt. Aber das Christkind hatte eine Pistole in der Hand. Und diese Pistole zielte auf den Kommissar.

»Gehen Sie von dem Mann weg!«, rief das Christkind. Die dunkle, fast rauchige Mezzosopranstimme passte so gar nicht zum goldenen Gewand, dem blondgelockten Haar und den weißen Engelsflügeln der Person. Merana hätte eine glockenhelle Stimme erwartet, mehr kindlich oder mädchenhaft.

»Zurück, oder ich schieße!« Die Mezzosopranstimme wechselte in eine höhere Lage.

Bin ich in einer total durchgeknallten Traumsequenz?, hallte es in Meranas vom Glühwein leicht diffusem Kopf. Sitze ich gleich schweißgebadet in meinem Bett, froh, dass alles nur ein Traum ist? Aber die Pistole in der Hand des Christkindes war echt. Daran bestand kein Zweifel. Eine Glock 20, Kaliber 10 Millimeter. Und die Waffe war auf ihn gerichtet. Das machte ihm Angst. Er spürte, wie sich in seinem Magen etwas zusammenschnürte wie ein schweres, nasses Bündel von Tannenzweigen.

»Komm, Martin, die meint es ernst.« Carola packte ihn am Arm und zog ihn zurück, weg von dem Mann, der immer noch röchelnd vor ihnen im Schnee kauerte. Merana konnte nicht fassen, was sich hier seinen Augen bot, mitten auf dem Salzburger Christkindlmarkt, über dessen lichterhell geschmückten Ständen weiterhin der Klang der Posaunen schwebte. *Vom Himmel hoch, da komm ich her.* Von dort kam diese merkwürdige Gestalt mit den großen Engelsflügeln sicher nicht. Die Frau im Christkindkostüm, die mit einem Revolver auf ihn zielte, wirkte total irdisch. Was machte sie hier? Was hatte sie mit dem verwundeten Mann auf dem Boden zu tun? Hatte sie ihn angeschossen? Die Gedanken in Meranas Kopf begannen sich zu drehen wie ein Engelskarussel, angetrieben von der aufsteigenden Hitze, entflammt durch Kerzen. Inzwischen waren auch die meisten der

Umstehenden auf die absonderliche Szene aufmerksam geworden. Das aufgekratzte Geplauder erstarb allmählich. Alles starrte auf die Erscheinung im goldenen Gewand mit den Engelsflügeln, auf das Christkind, das mit weit nach vor gestreckten Armen eine Pistole in den Händen hielt.

»Is des iatzt a neuer Brauch da in Salzburg, von dem mia no nix wissen?«, rief ein dicklicher Mann in Trachtenjoppe, dem Akzent nach unzweifelhaft ein Bayer. Er machte einen entschlossenen Schritt auf das Christkind zu. »He du, Dirndl, willst uns du da für bled verkafa …?« Weiter kam der Bayer nicht, denn in diesem Augenblick erschallte ein vielstimmiges *Halleee! Halleee! Hallehelluuujah!* Eine Schar kleiner Gestalten stürmte aus der Gasse zwischen Glühweinhütte und Duftkerzenstand, gekleidet in bunte Joppen und Schaffelljacken, mit Hirtenstöcken und Musikinstrumenten. *Es hat sich halt eröffnet das himmlische Tor!*, sangen die Hirtenkinder und drückten den Leuten vor den Ständen kleine Päckchen in die Hände. *Die Engalan, die kugalan ganz haufenweis hervor …!* Gleich hinter den Hirtenkindern tauchten weitere Gestalten auf, riesig, zottelig, furchteinflößend, als wären sie einem Fantasyfilm entsprungen. Die Perchten aus dem Gasteinertal. Sie machten mit ihren umgeschnallten riesigen Kuhglocken einen Höllenlärm. Merana hatte gelesen, dass die finsteren Gestalten aus Gastein heute ihren Auftritt am Salzburger Christkindlmarkt hätten. Aber er hätte sich nicht träumen lassen, dass er plötzlich mitten unter ihnen war. Schellengeläute und wildes Rufen erfüllten den Platz, dazwischen gellte das Gekreische erschrockener Besucher, und die Kinder hüpften weiterhin fröhlich zwischen den Leuten herum und sangen *Halleee! Halleee! Hallehelluuujahn!*

Hoffentlich dreht die Frau mit der Pistole jetzt nicht durch. Wenn die ihre Nerven wegschmeißt und in diesem undurchsichtigen Tumult zu schießen anfängt, dann gibt das ein Massaker. Meranas Angst wuchs. Das Bündel nasser sticheliger Tannenzweige in seinem Magen schwoll an, blähte sich auf. Er spürte seinen Herzschlag im Hals. Die Hirtenkinder und die Zottelperchten drängten die Menschen auf dem Platz auseinander, schoben sich weiterhin mit Gesang und Gebrüll zwischen die Leute. Auch Merana und Carola wurden von einem Zweimeterwesen mit weiß-braunem Fell und beeindruckend mächtigen gedrehten Hörnern auf dem Kopf gegen die Frontwand der Glühweinhütte gedrückt. Der gesamte Auftritt dauerte keine halbe Minute, dann war die wilde Schar schon an ihnen vorbei und stapfte weiter in Richtung Franziskanerkirche. Die Besucher an der Glühweinhütte waren ganz benommen vom eben erlebten Spektaktel. Die Italienerinnen hatten sich erschrocken beim breitschultrigen Bayern untergehakt. Sie zitterten am ganzen Leib.

»Wo ist die Frau mit der Waffe?«

Merana sah sich um. Das Christkind war weg! Keine Spur von der Blondgelockten mit der Glock 20. Und zu seiner totalen Verwunderung musste der Kommissar feststellen: Auch der verletzte Mann war verschwunden!

»Habt ihr etwas gesehen?« Merana musste schreien, um den Lärmpegel rings um sie zu übertönen. Alle riefen durcheinander. Carola und Otmar schüttelten die

Köpfe, blickten hektisch nach allen Seiten. »Das darf es doch nicht geben. Wo ist die Frau hin? Und was ist mit dem Verletzten?«

Im zertrampelten Schnee lag nur mehr die Umhängetasche, die der Verwundete bei sich gehabt hatte. Merana bückte sich danach. Neben der Tasche entdeckte er eine kleine Papiertüte. Er hob die Tasche auf. Sie war aus schwarzem Stoff. Auf der Vorderseite prangte ein großes Peace-Zeichen in schrillem Rot. In der Tasche fand er einige Folder mit der Ankündigung zu einem Adventsingen und fünf kleine Kugeln in Silberpapier.

»Mozartkugeln.«

»Das sind dieselben wie in den Päckchen der Hirtenkinder.« Carola deutete auf das kleine Präsent, das ihr eines der vorbeistürmenden Kinder in die Hand gedrückt hatte. Eine Einladung zum Adventsingen, samt Tannenzweig und Original Salzburger Mozartkugel.

»Und da sind Maroni drin.« Otmar Braunberger hatte die Papiertüte, die neben der Tasche gelegen war, geöffnet. Merana starrte in die Gesichter seiner Mitarbeiter. Sie waren ähnlich verwirrt wie er selbst. Was war hier eben passiert? Ein Mann war gegen ihn gestürzt, zusammengebrochen, offenbar schwer verletzt. Keine zwei Sekunden später stand plötzlich eine Frau im Christkindkostüm vor ihnen, bewaffnet mit einer Glock 20 Halbautomatik. Und wer weiß, was die Kostümierte mit dem einschreitenden Mann aus Bayern angerichtet hätte, wären nicht gleich darauf wild gewordene Hirtenkinder und Perchten über den Platz gestürmt. Und nun waren alle verschwunden: Zottelperchten, Kinder und vor allem der Verwundete und das bewaffnete Christkind.

»Ich kümmere mich um Verstärkung. Wir müssen die Verrückte einfangen.« Otmar hatte schon sein Handy gezückt. Merana nickte. Sie mussten die Frau finden, die Waffe sicherstellen. Aber die Frage, die ihn mindestens genauso beschäftigte: Wer war der schwer verletzte Mann, und wo war er hingekommen?

»Komm, Carola. Wir suchen den Maronistand auf. Vielleicht kann sich jemand an den Mann mit der Umhängetasche erinnern.« Er rannte los, die Chefinspektorin folgte ihm. Sich am Maronistand zu erkundigen, war nur ein schwacher Versuch, Licht in diesen rätselhaften Vorfall zu bekommen, aber sie mussten etwas unternehmen. Die Tüte mit den gebratenen Kastanien konnte auch jemand anderer verloren haben. Es war schwierig, sich einen Weg durch die Massen der Besucher zu bahnen. Allerlei Gerüche erreichten Meranas Nase: Punscharomen, der Duft von Würsten und gebrannten Mandeln. Eine Frau im Pelzmantel versperrte dem Kommissar den Weg. Sie hielt mit leuchtendem Gesicht zwei große mundgeblasene Glaskugeln hoch, Christbaumschmuck von besonders feiner Ausführung, die sie eben an einem der Kunsthandwerksstände erworben hatte. Sie kreischte auf, als Merana keine fünf Zentimeter vor ihr abbremste. Vor Schreck öffnete sie die linke Hand, ließ das rote Band los. Merana tauchte ab in die Hocke und konnte die Glaskugel gerade noch auffangen, bevor sie auf dem Boden zerbarst. Die Frau war völlig verdattert, stotterte ein »Thank you, Sir« mit britischem Akzent heraus, als der Kommissar ihr die Kugel samt Band wieder in die Hand legte. Dann stürmte er weiter. Carola war ihm bereits einige Meter voraus. Sie erreichten die

Dombögen, umkurvten einen Mann mit Trachtenhut, der einen zusammengeschnürten Christbaum durch die Menge balancierte, wandten ihre Schritte nach links und drängten sich durch eine Gruppe kichernder Asiaten. *Was soll das bedeuten*? intonierten nun die Posaunen vor der Kathedrale, die Melodie eines alten Weihnachtsliedes aus Schlesien. Ja, was soll das alles bedeuten?, fragte sich auch Merana, als sie endlich beim Maronibrater ankamen. Doch zu dem schaufelbewehrten Mann durchzukommen, der mit routinierten Bewegungen Papiertüten mit gerösteten Kastanien füllte, war nicht einfach. An die 20 Personen standen dichtgedrängt vor dem heißen Ofen. Die Unmutsäußerungen, die Merana und der Chefinspektorin entgegen schlugen, waren vielsprachig: salzburgisch, wienerisch, sächsisch, tschechisch, japanisch. Doch die beiden Ermittler hatten keine Zeit, sich um Völkerverständigung zu kümmern.

»Herr Kommissar!«, rief der Mann mit der Maronischaufel aufgeregt, als Merana es bis zu ihm geschafft hatte. Trotz der Hitze, die der Maroniofen ausstrahlte, trug der Maronibrater eine rote Zipfelmütze. »Guat, dass Sie daherkommen, schauen S' amoi!« Der Mann fasste in die große Tasche seiner blauen Schürze und hielt dem Kommissar einen länglichen dunklen Gegenstand vors Gesicht, in der Größe eines Handy. Aber das war kein Handy. Das war eindeutig das Stangenmagazin einer Glock-Pistole, passend für 15 Patronen. Merana war verwirrt.

»Woher kennen Sie mich?«, fragte er den Mann hinter dem Maroniofen überrascht. Der starrte ihn kurz an, dann schaute er auf die Chefinspektorin, die sich eben an einer Frau im gelben Anorak vorbeigedrängt hatte. »Woher ich Sie kenne …?« Carola wurde unwirsch. »Das spielt doch jetzt keine Rolle. Wahrscheinlich aus der Zeitung. Wo haben Sie dieses Magazin her?«

Der Zipfelmützenträger griff sich an den Kopf. »Genau, aus der Zeitung kenn i Eahna. Von irgend so einem Mord …« Dann rief er laut: »Dieses Glumpert da hat die Gundi verloren, als sie vor drei Minuten an meinem Stand vorbeig'rauscht ist wia a Raketenengel.«

»Welche Gundi?« Merana spähte schnell nach allen Seiten. Ringsum nur Leute, dichtgedrängt, mit neugierigen Gesichtern. Das vielsprachige Fluchen hatte aufgehört, die Verwunderung über die überraschend dargebotene Szene am Maronistand war ringsum gewachsen. »Ja die Silberberger Gundi, unser Christkindlmarkt-Christkindl. Die hat doch heuer des Casting gwonnen. Des war ein super Finale, sag i Eahna. Die Gundi und zwei andere, die eine aus St. Gilgen, die andere direkt aus der Stadt …«

Merana machte eine energische Handbewegung. Was ihn jetzt garantiert nicht interessierte, waren Klatschgeschichten über Castingausscheidungen am Christkindlmarkt.

»In welche Richtung ist diese Gundi gelaufen?«

Der Mann fuchtelte mit der Hand. »I woaß net genau. Da umi, Richtung Residenzplatz. Aber ob sie dann zum Mozartplatz weiter is oder nach links zum Alten Markt hab i nimmer gsehn.« Merana wandte sich an die Leute hinter ihm. »Hat von Ihnen jemand etwas gesehen? Haben Sie die Frau bemerkt, die in einem Christkindkostüm hier vorbeigerannt ist?« Er blickte in verdutzte japanische Gesichter, registrierte geschüttelte einheimische Köpfe. Carola fischte ihr Handy aus der Tasche. »Ich verständige Otmar, der soll die Kollegen informieren. Sie sollen die Suche ausdehnen: Alter Markt Richtung Getreidegasse, und Mozartplatz Richtung Kaigasse und Salzachufer.«

Merana zückte ein Taschentuch, nahm dem Maronibrater das Magazin ab und wickelte es ein. Dann hielt er ihm die mitgebrachte Umhängetasche unter die Nase. »War vorhin ein Mann an Ihrem Stand, der diese Tasche bei sich trug?«

Der Angesprochene nickte, ein Leuchten schlich über sein stoppelbärtiges Gesicht.

»Klar! Die g'hört dem Raphael vom Adventsingen. Der kauft immer bei mir Maroni. Vor einer halben Stunde war er da. Mia ham noch a bissl diskutiert, ob es heuer bei die Besucherzahlen auch wieder einen neuen Rekord …«

»Sie meinen den Raphael Weiser?« Carola hatte ihr Telefonat beendet und mischte sich ins Gespräch. »Der beim *Echten Salzburger Adventsingen* den Erzengel Gabriel spielt?«

»Aber nein!« Der Mann schüttelte heftig den Kopf, die Zipfelmütze wackelte bedrohlich. »Sie ham ja keine Ahnung nicht! Dort ist der Raphael ja heuer gar nicht mehr. Der hat doch die Seite gewechselt. Der ist jetzt bei der Konkurrenz, beim *Ganz Echten Salzburger Adventsingen*. Darum streiten die Adventsinger heuer noch mehr als sonst, weil der Raphael sozusagen ein Abtrünniger geworden ist.«

Dieser Zwist war Merana bekannt. Jedes Jahr im Advent das selbe Theater. Zwei einander befetzende Veranstalter beim weihnachtlichen Spiel um Frieden und Harmonie.

»Haben Sie den Raphael Weiser danach noch einmal gesehen?«

»Naa, der war ja schon auf dem Weg zur Vorstellung, der hat doch glei Auftritt.«

Nein, dachte Merana, der wird heute wohl nicht mehr auftreten. Der läuft mit einer blutenden Wunde durch das sich immer wilder gebärdende Schneetreiben. Falls er überhaupt noch laufen konnte. Carola Salmann blickte ihren Chef an.

»Otmar hat 20 Kollegen angefordert, die treffen gleich ein. Er koordinert die Suche. Was machen wir, Martin? Was schlägst du vor?«

»Wir suchen den angeschossenen Erzengel.«

»Was?« Der Aufschrei wurde begleitet von einem Scheppern. Dem erschrockenen Maronibrater war die Metallschaufel aus der Hand gefallen. Seine Augen waren weit aufgerissen. »Angeschossen? … Aber doch net der Raphael, oder?« Merana hatte keine Zeit für Erklärungen. »Komm, Carola.« Er drängte sich durch die Umstehenden, die verblüfft, aber nicht mehr unfreundlich, rasch eine Gasse bildeten.

»Auf, zum *Echten Salzburger Adventsingen*!« Abrupt bremste er ab. Der schmale, aber voll durchtrainierte Körper seiner Stellvertreterin knallte gegen seinen Rücken.

»Entschuldige, Carola! Jetzt hätte ich es fast durcheinander gebracht. Wir müssen nicht zum *Echten* sondern zum *Ganz Echten Salzburger Adventsingen.*« Er setzte sich wieder in Bewegung. *Echtes, Ganz Ech-*

tes … wer konnte das schon auseinander halten. Aber im Grund war es egal, beide Veranstaltungen lagen von hier aus gesehen in derselben Richtung. Wieder war es nicht so einfach, vorwärts zu kommen. Es war Freitagabend, und die Altstadt war gerammelt voll mit Menschen. Keiner wollte sich diesen winterlich verschneiten Glitzerabend samt Christkindlmarktambiente entgehen lassen. Erneut drehte sich der Gedankenkreisel in Meranas Kopf. Das darf doch alles nicht wahr sein!, hämmerte es in seinem Schädel. Er hatte sich einen geruhsamen Adventabend erwartet, ein paar nette Stunden mit den beiden von ihm geschätzten Kollegen. Eine lockere Plauderei am Glühweinstand, ein wenig die Atmosphäre genießen. Vor zwei Wochen hatten sie, wie immer vor Weihnachten, ihre *Wichtel-Geschenke*-Adressaten gezogen. Er hatte dieses Mal Carola erwischt. Im vergangenen Jahr war es der Chef gewesen. Und er hatte beim *Wichtelziehen* mit seinen Mitarbeitern noch gescherzt, dass nun wieder die für Kriminalisten langweiligen Tage anfingen. Wo allenfalls Taschendiebe und Christbaumstehler auf Beutetour waren. Aber erfahrungsgemäß kein Verbrechen passierte, das eine Ermittlertruppe ihres Kalibers brauchte. Und jetzt rannte er mit seiner Kollegin durchs nächtliche Schneegestöber und suchte einen angeschossenen Erzengel! Und irgendwo unter den vielen Menschen, die zwischen Lichterketten, Punsch und Glühwein ihren Spaß hatten, irrte auch noch ein Christkind herum. In der Hand eine Knarre. Einfach absurd.

»Herr Kommissar! Warten Sie!«

Der Ruf ereilte sie knapp vor dem Ausgang in Richtung Franziskanerkirche. Merana und Carola drehten sich um. Aus dem Flockenvorhang des Schneetreibens schälten sich die Umrisse von zwei uniformierten Beamten. Das Licht, das von den Girlanden über ihnen und von den Verkaufsbuden der Christkindlmarkthütten auf sie fiel, tauchte die beiden Gestalten in einen nahezu überirdischen Schein. Der ältere von beiden tippte sich mit der Hand an die verschneite Dienstkappe, als sie den Kommissar und die Chefinspektorin erreicht hatten. Merana kannte die beiden Kollegen vom Sehen. Sie waren von der Polizeiinspektion Rathaus, die gleich in der Nähe lag. Aus dem Funkgerät des Jüngeren ertönten abgehackte Kommandos. Merana erkannte zwischendurch Otmars Stimme, der offenbar mit den einzelnen Suchtrupps in Verbindung stand.

»Herr Kommissar, wir waren zufällig in der Nähe, Kontrollrundgang am Kapitelplatz, als uns die Anweisung unseres Dienststellenleiters erreichte.« Gartlberger heißt der ältere Kollege, fiel Merana plötzlich ein. Der Mann war etwas mehr außer Atem als der jüngere. Der streckte ihnen die geöffnete Hand hin. Mit der anderen deutete er nach hinten zu einer der Verkaufshütten, die handgeschnitzte Krippenfiguren aus Lindenholz anbot. »Dort hat eben ein Mädchen das hier vom Boden aus dem Schnee aufgehoben.« Auf der ausgestreckten Hand des Beamten lag ein kleines unförmiges Gebilde in Silber und Blau. Merana nahm den Gegenstand in die Hand. Das Objekt war allem Anschein nach eine Mozartkugel, ziemlich flach gedrückt. Offenbar war jemand auf die Schokoladensüßigkeit getreten. Das leicht deformierte Konterfei des Komponisten auf der silbrigen Hülle war von einem dicken roten Fleck überzogen. Merana tupfte mit dem Zeigefinger dagegen, nahm etwas von der Farbe auf und steckte die Fingerkuppe in den Mund. Kein Zweifel, das war Blut.

»Hat das Mädchen beobachtet, wer die Kugel verloren hat?« Die beiden Beamten schüttelten den Kopf. Der jüngere so heftig, dass ihm eine kleine Schneelawine vom Kappenrand ins Gesicht rutschte. »Nein, hat sie nicht. Wir wollten noch die Standler befragen, aber da haben wir Sie und die Chefinspektorin gesehen.« Es knackte im Funkgerät. Eine Stimme, die Merana nicht kannte, beorderte alle Einsatzkräfte zum Mozartplatz. »Das ist unser Dienststellenleiter, wir müssen weiter.« Merana nickte und bedankte sich bei den Kollegen. Vielleicht hatten Otmar und die übrigen Einsatzkräfte eine Spur vom pistolenschwingenden Christkind. Sie würden sich wieder auf die Suche nach dem verletzten Erzengel machen. Die blutverschmierte Mozartkugel bestärkte die Zuversicht, dass der Mann hier mit großer Wahrscheinlichkeit vorbeigekommen war. Merana wollte die plattgedrückte Süßigkeit in ein weiteres Taschentuch wickeln, als ihm auf der Rückseite etwas auffiel.

»Wofür würdest du das halten, Carola?« Er rückte näher an eine der Laternen, damit sie mehr Licht hatten. Die Chefinspektorin wischte behutsam die Schneeflocken ab, die sich auf die zerdrückte Kugel in Meranas Hand gelegt hatten.

»Schaut aus wie aufgemalte Buchstaben …«

»Ja, das könnte ein *A* sein … und das eventuell ein *L* …« Er rückte noch näher an die Laterne, versuchte mit der anderen Hand, die Silberfolie der zerquetschten

Schokoladenkugel halbwegs in die ursprüngliche Form zu bringen.

»Nein, Carola, das ist kein *L*. Das schaut eher aus wie ein *C*.« Er blickte sie an. Die Chefinspektorin zuckte mit den Schultern. Sie konnte sich offenbar keinen Reim darauf machen. Merana auch nicht. »Wieso schreibt jemand ein *A* und ein *C* auf eine Mozartkugel?« Die Ratlosigkeit in Carola Salmans Gesicht glich jener in seinem eigenen. »Und warum trägt ausgerechnet ein Erzengel-Darsteller diese Kugel bei sich?« *Erzengel-Darsteller!* Merana spähte auf seine Uhr. Die Unterbrechung durch die beiden Beamten hatte sie mehr als fünf Minuten gekostet. Sie mussten weiter. Schnell. Er steckte die deformierte Mozartkugel vorsichtig in die Tasche und drängte sich rasch durch die dichten Besucherreihen. Die Chefinspektorin versuchte, ihm auf den Fersen zu bleiben. Sie passierten die Franziskanerkirche. Im dichten Schneetreiben war kaum das Eingangstor zu erkennen.

Merana versuchte, die Absurdität, die dieser Verfolgungsjagd zugrunde lag, aus seinen Gedanken zu verdrängen. Er wollte sich darauf konzentrieren, was er beobachtet hatte und was an spärlichen Fakten vorlag. Ein Mann war vor ihren Augen zusammengebrochen. Der Mann blutete, war verletzt. Er hatte eine Tasche bei sich. Diese war vom Maronibrater als Eigentum von Raphael Weiser identifiziert worden. Und der war Darsteller des Erzengels Gabriel. Sollte tatsächlich der Streit der Adventsingen-Betreiber hinter den rätselhaften Vorgängen stecken? Das Christkind als Auftragskiller, um den abtrünnigen Erzengel, der übergelaufen war, zu bestrafen? Merana konnte sich das beim besten Willen nicht vorstellen. Aber er kannte auch die Hintergründe nicht gut genug. Er wusste nur, es gab einerseits das *Echte Salzburger Adventsingen* und dazu das *Ganz Echte Salzburger Adventsingen*. Und jeder Veranstalter behauptete für sich, das einzig wahre und traditionelle Adventsingen in Salzburg auf die Bühne zu bringen. Der Konkurrenzdruck war offenbar groß. Zumindest die Schlagzeilen in den Medien unterstrichen diesen Eindruck. Dabei waren das bei Weitem nicht die einzigen Adventveranstaltungen in Salzburg. Manchmal hatte man den Eindruck, es gebe gefühlte 1000 solcher Events in der Vorweihnachtszeit. Kein Konzertsaal, keine Theaterbühne, kein Kirchenraum, kein Pfarrsaal, kein Schulfoyer, wo sich nicht Adventsänger, Hirtendarsteller oder Weihnachtschöre tummelten. Und die Besucher wurden großteils busweise herangekarrt. Sicher kein schlechtes Geschäft.

Sie erreichten die Statue des ›Wilden Mannes‹ auf dem Max Reinhardt Platz. Carola blieb abrupt stehen, sie atmete heftig.

»Ich muss kurz verschnaufen, Martin.« Merana wunderte sich. Seine Stellvertreterin hatte normalerweise eine ausgezeichnete Kondition. Vielleicht hatte ihr die vor Kurzem überstandene Grippe doch mehr zugesetzt, als sie zugeben wollte. An der Einfassung des Brunnens mit der Statue lehnte ein junger bärtiger Mann, der im dichten Schneetreiben mit klammen Fingern auf einer Gitarre zupfte. Dazu sang er mit krächzender Stimme.

Bald ist heilige Nacht
Chor der Engel erwacht
Stimm in das Singen mit ein:
Freue dich am schönen Schein!

Der Melodie nach könnte das *Leise rieselt der Schnee* sein, vermutete Merana, die zweite oder dritte Strophe. Aber so falsch hatte er schon lange niemanden mehr singen gehört. Da würde jeder auch noch so wohlgesinnte Engel Reißaus nehmen.

»Geht schon wieder. Komm weiter.« Carola klopfte dem Kommissar auf die Schulter.

Sie erreichten den Veranstaltungsort, zeigten den Leuten am Eingang ihre Dienstausweise. Als sie im Foyer zu den Stufen der Aufgänge eilten, setzte im Inneren des Saales deutlich hörbar die Musik ein. Ein Mann kam ihnen entgegen. Merana kannte ihn. Das war einer der Veranstalter. Er konnte sich nur nie merken, ob vom *Echten* oder vom *Ganz Echten Salzburger Adventsingen*.

Der Mann kannte ihn offenbar auch. »Herr Kommissar!« Seine Stimme überschlug sich ein wenig. »Was bin ich froh, dass die Polizei schon da ist! Das ging ja schnell. Wir haben gerade erst angerufen.«

»Wie angerufen? Warum?«

»Ja weil sie hier irgendwo durchs Haus irrt!«

»Wer?«

»Na die Gundula vom Christkindlmarkt. Habe ich doch am Telefon erklärt. Und sie hat eine Pistole.«

Carola hob die Hand. »Ich verständige sofort Otmar.«

Merana blickte sein Gegenüber an. »Hat diese Gundula gesagt, was sie will?«

Der Veranstalter schluckte heftig. Seine Stimme zitterte. »Ich weiß es nicht genau. Sie richtete dauernd die Pistole auf mich. Hat mir gedroht, sie würde sofort schießen, wenn ihr irgend jemand folgen sollte. Ich habe sie gefragt, was sie hier will. Und dann hat sie etwas sehr Merkwürdiges gesagt ...«

Die Augen des Mannes wurden groß, Schrecken machte sich in den Pupillen breit, als stünde die Christkinddarstellerin noch immer mit angelegter Waffe vor ihm.

»Wenn ich es richtig verstanden habe, Herr Kommissar, dann murmelte sie etwas wie *Ich muss die Sache mit dem Erzengel zu Ende bringen.*«

Was sollte das heißen? Ein Schwall von Fragen formierte sich in Meranas Hirn.

Die Sache mit dem Erzengel zu Ende bringen ...? Welche Sache? Was steckte dahinter? Eine persönliche Angelegenheit zwischen Gundula Silberberger und Raphael Weiser? Oder zog da jemand im Hintergrund an unsichtbaren Fäden? Jemand, dem es nicht passte, dass der Erzengeldarsteller die Fronten gewechselt hatte? Wie viel wusste der Mann, der da vor ihm stand? Egal, ob das nun der Veranstalter des *Echten* oder des *Ganz Echten Salzburger Adventsingens* war. Doch es blieb keine Zeit für Fragen. Und keine für Antworten. Es galt jetzt zuallererst, das amoklaufende Christkind einzufangen.

»Wo ist sie hin, diese Gundula?«

Der Mann im Trachtenanzug zuckte hilflos mit den Schultern. »Ich weiß es nicht. Sie hat mir befohlen, mich umzudrehen und die Augen zu schließen. Als ich mich dann doch nachzuschauen traute, war sie verschwunden. Einfach in Luft aufgelöst. Als sei sie tatsächlich das Christkind.«

Merana starrte den Mann an, fragte sich, ob der noch alle Sinne in der richtigen Reihenfolge beisammen hätte, oder ob das ständige Andachtsjodeln dessen Wahrnehmung vernebelte. *In Luft aufgelöst.*

»Daraufhin habe ich sofort die Polizei verständigt, und kaum hatte ich das Handy eingesteckt, sind Sie schon aufgetaucht. Respekt, Herr Kommissar. Dass die Salzburger Polizei schnell zur Stelle ist, weiß man ja. Aber das riecht verdammt nach Weltrekord. Übrigens, ich kenne da jemand aus der Guiness-Redaktion. Besucht jedes Jahr unsere Veranstaltung. Mit dem könnte ich da einmal reden …«

Merana schnaubte wie ein Stier. Wovon quatschte der Trachtentyp da? Guinessbuch, Weltrekord! War dem Kerl die Dramatik der Situation nicht klar? Diese Gundula lief hier mit einer geladenen Waffe herum!

»Die Kollegen treffen gleich ein.« Carola Salman steckte ihr Handy ein.

»Was ist mit Ihrem Erzengeldarsteller?« Die Chefinspektorin wandte sich an den Veranstalter. Der schaute sie mit großen Augen an. »Was soll mit dem sein? Der muss gleich auf die Bühne. Auftritt mit der ersten Gruppe der Hirtenkinder.«

Was faselte der Kerl jetzt wieder daher? *Auftritt?* Meranas Stimme schwoll an. »Aber der Mann kann doch nicht auf die Bühne, der ist schwer verwundet.«

»Verwundet?«

Die Augen des Veranstalters wurden noch eine Spur größer. »Aber davon weiß ich ja gar nichts.«

In Meranas Kopf tauchte ein Bild auf. Die Kulisse des Adventspiels. Ein wankender verletzter Erzengel, der pflichtbewusst seine vertragliche Mission erfüllt und mit Hirtenkindern auf die Bühne stolpert. Aus einer Seitengasse tritt Gundula Silberberger mit hoch erhobener Glock 20. Ein großer Saal voll mit Menschen. In der Szenerie Sänger, Musiker, Schauspieler, Kinder …

»Wir müssen auf die Bühne!« Der Trachtenanzugträger hielt den Kommissar zurück. »Sie können doch nicht einfach in die Vorstellung platzen. Das gibt eine Panik!«

»Komm, Martin!« Carola fasste Merana am Arm. »Wir versuchen es hinter der Bühne. Ich kenne mich hier aus. Vielleicht erwischen wir ihn noch vor dem Auftritt.«

Sie lief voran. Der Kommissar folgte ihr, drehte im Laufen noch einmal den Kopf zum Eingang. Wo blieben nur die Kollegen?

Heißa Buama, steht's gschwind auf, es will Tag schon werden!, ertönte es vom Bühnenraum, als sie sich der linken hinteren Kulissengasse näherten.

Tummelts euch fei hurtig drauf …

Merana überholte Carola und erreichte die Hinterbühne. Das Licht war gedämpft. Aber der Kommissar konnte im Halbdunkel dennoch die Gestalt mit den großen weißen Flügeln ausmachen, die sich eben anschickte, langsam durch die Gasse auf die Bühne zu treten. Merana verkniff es sich, laut ›Halt‹ zu rufen. Falls diese Gundula hier irgendwo steckte, wollte er jetzt nicht die Aufmerksamkeit der Frau mit der Pistole auf sich lenken. Er schaffte es auch so. Er erreichte die Gestalt gerade noch rechtzeitig, fasste sie an der flügelbewehrten Schulter und riss sie zurück.

»Sie dürfen da nicht hinaus!« keuchte Merana mit halb erstickter Stimme.

Die taumelnde Gestalt im Engelskostüm drehte ihm erschrocken das Gesicht zu. Verwundert. Die Augen erstaunt weit aufgerissen. Aber Meranas Verwunderung war noch größer.

Das war nicht der Mann vom Christkindlmarkt!

»Wer sind Sie?«

Die hochgewachsene Gestalt mit der Engelhaarperücke befreite sich energisch von Meranas Hand. »Ich bin der Erzengel Gabriel«, zischte er. »Und ich muss auf der Stelle da hinaus.« Und schon rauschte er davon, eilte auf die Bühne, wo ihn die Hirtenkinder schon sehnsüchtig erwarteten.

Merana fühlte sich wie vom himmlischen Donner gerührt. Er lugte durch die Kulissengasse. Keine Spur von dieser Gundula. Auch nicht auf der anderen Bühnenseite. Alles was er sah, waren kleine Gestalten mit Hüten, Stöcken, umgeschnallten Schaffellen, die sich langsam vom Boden erhoben. Einige rieben sich die Augen, andere deuteten auf die heranschreitende Engelsgestalt. Irgendwo auf der anderen Seite der Bühne, die Merana nicht einsehen konnte, setzte eine Musikgruppe ein, Hackbrett, Geige, Kontrabass, Flöten …

Sag eahm, dass er gschwind hoamspringt
und sei alte Bassgeign nimmt!
Und i nimm den Dudldudlsack,
dudl mir auf den ganzen Tag …

Jemand klopfte dem Kommissar behutsam auf die Schulter. Ein Mann mit Bart stand hinter Merana. In einer Wolljacke. Er hielt ein kleines Schaf auf dem Arm.

»Sie können doch da nicht einfach unser Spiel durcheinanderbringen.« Der Mann schüttelte sein bärtiges Haupt. Aber er schien nicht missmutig. Sein Gesichtsausdruck war eher leicht belustigt. Mit der Linken streichelte er dem Schaf sanft über den Rücken. Die Augen schauten ein wenig verwundert auf die Hand des Kommissars. Merana folgte dem Blick. *Eine Feder*. Merana hielt tatsächlich eine lange weiße Feder in der Hand. Die musste vom Kostüm des Engels sein.

»Wer ist der Engeldarsteller?« Merana deutete zur Bühne.

»Das ist der Michael Thaler.«

Michael Thaler?

»Ich dachte, Raphael Weiser spielt den Erzengel?« Unruhe befiel Merana. Sein Herz pochte. Mein Gott, waren sie zum falschen Adventsingen gelaufen? Hatte sich auch Gundula Silberberger beirren lassen? War sie ebenfalls hier aufgetaucht, hatte dann das Versehen bemerkt und war nun schon auf dem Weg zur richtigen Veranstaltung? Die Glock 20 im Anschlag?

»Das stimmt schon«, entgegnete der Mann leise. »Aber wir haben zwei Erzengeldarsteller. Der Raphael hat heute die Nachmittagsvorstellung gespielt, jetzt ist der Michael dran. Die beiden haben getauscht.«

Getauscht?

In Meranas Kopf begann es wieder fieberhaft zu arbeiten. Was hatte das zu bedeuten? Seine Gedanken purzelten durcheinander, versuchten, sich zu formieren wie aus dem Schlaf hochschreckende Hirtenkinder, die halbblind vor sich hintappend den richtigen Weg zum Stall suchten.

»Da steht es ja.«

Der Mann löste kurz die Hand vom Schafrücken und klopfte mit dem Finger auf ein Blatt Papier, das an einem schwarzen Brett neben der Kulissenrückwand angebracht war. »Bei unserer Vorführung hat alles seine Richtigkeit.«

Tatsächlich. Merana sah es. Auf der Besetzungsliste mit dem heutigen Datum war der Name Raphael Weiser durchgestrichen und handschriftlich durch Michael Thaler ersetzt. Sie waren bei der richtigen Vorstellung. Aber der Engel war der falsche. Wo war der andere? Und wo war das Christkind mit der Pistole?

»Wann wurde dieser Tausch beschlossen?«

Das Schaf blökte leise, als der Mann etwas schwerfällig die Schultern hob.

»Weiß ich leider nicht. Kann aber nicht lange her sein, sonst wäre die Liste ja nicht mit der Hand ausgebessert, sondern schon mit den richtigen Namen ausgedruckt. Unsere Verwaltung ist da im Grunde sehr ordentlich. Da fehlt kein Glied in der Kette.«

Wieder ließ das Schaf ein schwaches Blöken hören. Merana hielt irritiert inne. Nicht des Schafes wegen. Sondern wegen dem, was er eben vernommen hatte. Er starrte den bärtigen Hirten verblüfft an. Dort, wo in seinem Kopf eben noch die Gedanken gepurzelt waren, herrschte mit einem Mal Stillstand. Als würde man die Bilder eines laufenden Filmes verlangsamen und einfrieren.

»Was haben Sie gesagt?«

Der Alte sah ihn großäugig an. »Ich verstehe nicht, was Sie meinen?« Merana wischte mit einer fahrigen Handbewegung durch die Luft. Das Schaf erschrak und begann wieder zu blöken. Der alte Mann versuchte, das Tier zu beruhigen. »Jetzt haben Sie Hannah ganz erschreckt.«

Merana hörte ihm gar nicht mehr zu. Er konzentrierte sich darauf, aus dem Nebel in seinem Gehirn die Satzfetzen ihres Gespräches herauszufischen.

Bei unserer Vorführung hat alles seine Richtigkeit. Das hatte auch etwas zu bedeuten. Merana konnte nur noch nicht erfassen, was. Alles war noch schemenhaft.

Unsere Verwaltung ist da im Grunde sehr ordentlich. Da fehlt kein Glied in der Kette.

Das war es! Er griff wie in Trance nach seiner Jackentasche und holte vorsichtig die zerdrückte Schokoladenkugel im Silberpapier hervor. Das Schaf hatte sich wieder beruhigt, hob seinen Kopf und begann zu schnuppern. Vielleicht erwartete es, gefüttert zu werden. Der alte Mann verzog keine Miene. Er beobachtete den Kommissar mit ruhigen Augen. Merana trat entschlossen zwei Schritte zurück und betrachtete die Szene vor ihm. Da standen ein Hirte und sein Schaf. Das passte. Auf der Bühne draußen, keine 20 Meter entfernt, tummelten sich Hirtenkinder, Dudelsackbläser und ein Erzengel. Das passte auch. Alles sehr weihnachtlich. In seiner Hand hielt der Kommissar eine zerdrückte Salzburger Mozartkugel. An sich hatte diese beliebte Süßigkeit jederzeit Saison, war also kein spezielles weihnachtliches Phänomen. Aber das hier war nicht irgendeine Mozartkugel, das war eine Original Salzburger Mozartkugel, die ihm die beiden Kollegen im Schneetreiben auf dem Christkindlmarkt in die Hand gedrückt hatten. Und die Original Salzburger Mozartkugel hatte der Salzburger Konditor Paul Fürst als Erster kreiert. Und zwar im Jahr 1890. Der Nebel in Meranas Kopf begann sich zu lichten. Aus Schemen wurden behutsam Konturen. Merana drehte die deformierte Schokoladenkugel um. Sein Blick fiel auf die Hülle. Jetzt wusste er auch, was die Buchstaben *A* und *C* bedeuteten. Erneut blökte das wuschelige Lamm und versuchte, mit der Schnauze das Silberpapier zu erreichen. Merana lächelte. Die bisher halbblind durcheinander tappenden Hirtenkinder in seinen Gedankengängen hörten auf zu krabbeln. Sie formierten sich. Das Knäuel in Meranas Kopf löste sich. In der Ferne schimmerte ein Licht. Was heißt *schimmerte*. Es begann immer stärker zu *leuchten*. Wie der Stern über dem Stall von Bethlehem.

Mein Gott, die Lösung war tatsächlich so einfach!

Für eine Sekunde schwindelte ihm. Der Kommissar hielt sich an der Kulissenverstrebung fest, dann steckte er die Mozartkugel zurück in die Jackentasche. Von der Bühne her schallten aufgeweckte Kinderstimmen, unterstützt von einem himmlisch klingenden Chor.

Heißa Buama, lobet Gott,
weil er ist geboren …

Merana sah dem Mann mit dem Schaf direkt ins Gesicht.

»Und was sind Sie in dieser Vorstellung? Ein Hirte?«

Der Bärtige nickte zustimmend.

»Ein echter?«

Meranas Gegenüber hielt kurz inne. Das Lächeln, das er dann aufsetzte, war verschmitzt.

»Nein. Echt sind bei uns nur die Schafe. Alles andere wird gespielt.«

Er widmete sich wieder dem kleinen Herdentier in seinem Arm, begann erneut das weiche Fell des Schafes zu streicheln. Merana blickte sich um. Carola war nicht mehr hier. Vielleicht wartete sie schon am Ausgang. Der Kommissar legte dem Hirtendarsteller die Hand auf die Schulter, streichelte dem Schaf behutsam über den Kopf und wandte sich zum Gehen.

Es gab tatsächlich jemanden, der im Hintergrund die Fäden zog!

Und diese Fäden waren immer sichtbar gewesen. Aber er hatte sehr lange gebraucht, sie zu sehen. Er machte sich auf den Weg. Er fühlte sich wie ein Hirte, der endlich sein Ziel kannte. Er ging darauf zu. In der linken Hand hielt er immer noch die Feder aus dem Flügel eines Bühnenerzengels.

Merana verließ den Bereich hinter den Kulissen, nahm die Treppe und erreichte das Foyer. Die Halle war leer. Keine Spur vom Veranstalter im Trachtenanzug. Auch Carola war verschwunden. Merana öffnete eine der großen Eingangstüren und trat auf die Straße. Ein Polizeiauto parkte keine fünf Schritte vor ihm. Merana hatte so etwas Ähnliches erwartet.

»Guten Abend, Herr Kommissar«, rief der uniformierte Beamte am Steuer, als Merana die Tür öffnete.

»Ich nehme an, Herr Kollege, Sie wissen wo es hin geht?«

Statt einer Antwort lachte der Fahrer nur und startete den Motor. Merana setzte sich auf die Rückbank. Sie fuhren los. Der Beamte lenkte den Wagen in Richtung Pferdeschwemme. Noch immer fielen dicke Flocken aus dem Nachthimmel. Der Scheibenwischer des Dienstfahrzeuges hatte ordentlich zu tun. Bald darauf hatten sie die Salzach erreicht. Am gegenüber liegenden Ufer glänzten die Lichter der Hotels und Bürgerhäuser. Das dunkle Wasser des Flusses warf den Lichterschein der weihnachtlich geschmückten Staatsbrücke schimmernd zurück. Auf den großen Laternen hatten sich kleine Schneehauben gebildet.

Merana lehnte sich zurück und ließ noch einmal die sich überschlagenden Ereignisse der letzten Stunde Revue passieren. Alles passte nun nahtlos zusammen. Der Maronihändler. Die Hirtenkinder. Das plötzlich aufgetauchte und wieder verschwundene Christkind. Das zurückgelassene Magazin der Glock 20. Der Sänger mit der Gitarre am Wilden-Mann-Brunnen. Der Diensttausch der Erzengel. Die Mozartkugel in der Tasche. Die wilden Perchten, die ihn zur Seite drängten. Die Bläser, die *Was soll das bedeuten* spielten.

Er richtete sich ein wenig auf und versuchte, das Gesicht des Fahrers im Rückspiegel auszumachen. Würde er an dessen Miene etwas ablesen können? Nein. Der Mann starrte hoch konzentriert durch die Windschutzscheibe nach draußen, als gälte es, ein Räumungsfahrzeug durch einen kanadischen Blizzard zu steuern und nicht ein gut geheiztes und bequemes Dienstauto durch die verschneite Salzburger Innenstadt. Merana blickte weiterhin von seiner hinteren Bank aus auf den Rückspiegel. Schließlich bemerkte der Fahrer den Blick des Kommissars. Ein Hauch von einem Lächeln huschte über sein noch junges Gesicht. Er löste die Rechte vom Lenkrad und betätigte eine Taste am Armaturenbrett. Der Klang von Musik breitete sich aus. Eine dunkle Stimme erfüllte das Wageninnere.

Driving home for Christmas

Oh, I cant't wait to see the faces …

Das war *Chris Rea*. Berühmter Song. Das Lied passte. Ja, er konnte es auch kaum mehr erwarten, die Gesichter zu sehen …

Merana war sich klar darüber, dass er schon viel früher auf die richtige Lösung hätte kommen können. Schon am

Stand des Maronibraters. Spätestens beim falschen Text der dritten Strophe von *Leise rieselt der Schnee*.

Bald ist heilige Nacht
Chor der Engel erwacht …
… hatte der Mann am Brunnen gesungen. Bis dahin stimmte alles. Doch dann hätte es richtigerweise heißen müssen:
Horch nur, wie lieblich es schallt.
Freue dich, 's Christkind kommt bald
Aber der Mann mit der Gitarre hatte gesungen:
Stimm in das Singen mit ein:
Freue dich am schönen Schein!
Falscher Text, aber richtige Spur! *Schöner Schein*. Das war das Schlüsselwort.

Fünf Minuten später waren sie am Ziel. Merana hatte schon vermutet, dass sie die Polizeidirektion in der Alpenstraße ansteuern würden.

»Bitte sehr, Herr Kommissar.«

Der uniformierte Kollege grinste bis unter den Ansatz der Dienstkappe und öffnete mit übertriebener Geste die Wagentür. »Und frohe Weihnachten!«

Tatsächlich, sie waren alle da!

Die Kantine der Polizeidirektion war voll mit Menschen. Jubel brandete auf, als Merana eintrat. Gleich am Eingang stand der Maronihändler vom Christkindlmarkt mit hell aufglucksendem Lachen und einem prall gefüllten Maronimaß. Das Christkind tauchte plötzlich wie aus dem Nichts auf, schenkte Merana einen himmlischen

Augenaufschlag und hauchte ihm mit kirschroten Engelslippen einen Kuss auf die Wange, in der Hand immer noch die Glock 20.

Ja, sie waren wirklich alle da.

Der Mann vom Brunnen, der Veranstalter vom Adventsingen, Arm in Arm mit einem zweiten Trachtenanzugträger, die Hirtenkinder, die auf dem Markt Mozartkugeln und Tannenzweige verteilt hatten, vier Männer in zotteligen Perchtenfellen, die zwei Polizisten aus dem Schneetreiben und dazu weitere 30 Kollegen. Und mitten in der Menge seine freudestrahlende Stellvertreterin, Chefinspektorin Carola Salman, die mit funkelnden Augen rief:

»Frohe Weihnachten, Martin!«

Alle hoben lachend ihre Trinkgläser. Plötzlich standen die Bläser vom Christkindlmarkt neben Merana und intonierten auf ihren Posaunen *O, du fröhliche …*!

Da war auch schon Otmar an der Seite des Kommissars, hielt ihm einen Becher mit Punsch entgegen und klopfte ihm freundschaftlich auf die Schulter.

Merana war einfach nur überwältigt.

Er trank einen Schluck. Dann gab er Otmar den Becher zurück, nahm seine Stellvertreterin in die Arme und drückte sie fest an sich.

»Sag mir nur eines, Carola, – WARUM? Obwohl ich den Grund schon ahne.«

Sie löste sich aus seiner Umarmung und hob ihr Sektglas.

»Weil du mein *Wichtel* bist. Und das …«, sie deutete mit dem Arm in die Runde, »… ist mein Wichtelgeschenk für dich.«

»Jawohl!«, brüllte jemand laut in der Menge. Merana erkannte Raphael Weiser. Das war der falsche Erzengel. Oder auch der richtige, je nach Betrachtensweise.

»Jawohl, wir alle sind das Wichtelgeschenk!« Er sprang auf einen Stuhl, riss die Arme in die Höhe und ließ weiße Federn auf die Köpfe der Anwesenden niederregnen. Und wieder brandete Jubel auf in der weihnachtlich geschmückten Polizeikantine.

Merana war immer noch völlig erschlagen. Wie hatte Carola das nur hinbekommen? Wie hatte sie den ganzen Haufen überzeugen können, bei diesem Spektakel mitzuspielen? Und warum hatte sie sich das angetan? Die zarte, aber drahtige Chefinspektorin stellte sich auf die Zehenspitzen und drückte ihm einen Kuss auf die Wange.

»Na, weil ich meinem Lieblings-Vorgesetzten ein ganz besonderes Wichtelgeschenk machen wollte. Weißt du noch, Martin, wie du beim Wichtelziehen gesagt hast, dass nun wieder die für uns Kriminalisten langweiligen Tage anfingen? Wo allenfalls Taschendiebe und Christbaumstehler ihren Auftritt hätten, aber erfahrungsgemäß kein Verbrechen passierte, das eine Ermittlertruppe unseres Kalibers brauchte. Erinnerst du dich?« Ihre grauen Augen blitzten wie die Sterne am Weihnachtshimmel. Merana erinnerte sich nur zu gut. »Na, da wollte ich dem Herrn Kommissar eben einen Fall liefern, wie er ihn noch nie erlebt hat …«

»Mit einem Christkind, das eine Glock 20 in der Hand hält«, ergänzte eine wohltönend dunkle Stimme neben ihnen. Gundula Silberberger hielt ihm lächelnd die Pistole hin. »Bitte sehr, Herr Kommissar. Nehmen

Sie. Die Knarre war eh nie geladen.« Sie reichte ihm die Waffe und drehte sich um. Nicht ohne ihm noch mit beiden Augen schelmisch zuzuzwinkern.

»Carola, du hast den Beruf verfehlt. Du hättest Hollywood-Regisseurin werden sollen.« Merana konnte das Geschehen immer noch nicht fassen. Seine Stellvertreterin lachte. »Nein danke, Martin. Einmal so ein Theater reicht mir. Außerdem war es gar nicht so schwer, das Spektakel zu organisieren, wie ich anfangs dachte. Alle, die ich fragte, hatten keine Sekunde gezögert, sondern waren gleich mit Feuereifer dabei. Und alle haben dicht gehalten. Es bereitete jedem Einzelnen eine diebische Freude, den für seinen Spürsinn bekannten Chefermittler der Salzburger Polizei ein wenig hinters Licht zu führen. Ihm eine weihnachtlich duftende Nuss vor die Nase zu halten, an der er ziemlich lange zu knacken hatte.«

Merana hob anerkennend seinen Punschbecher. »Das ist euch in der Tat gelungen. Hätte ich einen Hut, ich würde ihn vor euch allen ziehen.«

»Dann nehmen Sie halt meine Zipfelmütze.« Der Maronimann hatte die letzte Bemerkung des Kommissars gehört und stülpte Merana seine rote Haube über den Kopf. Merana trat einen Schritt zurück, zog mit einer eleganten Bewegung die Kappe vom Kopf, als gälte es, einen Musketierhut zu zücken, und verbeugte sich tief vor seiner Stellvertreterin. Die Umstehenden applaudierten. Der Maronibrater bekam seine Zipfelmütze zurück und hielt sie in die Höhe wie eine Trophäe.

»Seht alle her! Unter dieser Haube war, wenigstens für Sekunden, der klügste Kriminalistenkopf von Salzburg. Was heißt von Salzburg, mindestens von ganz Mitteleuropa! Die bekommt einen Ehrenplatz!«

Erneut wurde heftig geklatscht und gelacht. Einer der Fellmänner kam auf sie zu und bat darum, gemeinsam mit Merana und Carola ein Foto machen zu dürfen. Für die Chronikseite der Gasteiner Perchten. Als die Hirtenkinder das mitbekamen, legten sie schnell die halb verzehrten Würstel zurück auf die Teller und wollten auch aufs Foto. Es wurde eine längere Fotografierei. Vor allem auch, weil nach jedem zweiten Schnappschuss sich immer irgendwer im Raum fand, der den Punschbecher hob und zu einem Toast ansetzte. Nach der Fotosession drückte ihn Carola sanft auf eine der Bänke an den festlich gedeckten Tischen. Kaum saß Merana, hatte er auch schon einen Teller mit wunderbar duftenden Bratwürsten vor sich, mit Sauerkraut und Kartoffeln. Die Chefinspektorin setzte sich neben ihn. Otmar Braunberger nahm ihnen gegenüber Platz und stellte dem Kommissar ein frisch eingeschenktes Glas Bier hin.

»Passt besser zu den Würsten als dein Punsch.«

»Weißt du, was das Schwierigste war, Martin?« Carola griff auch nach einem Bierglas. Merana hob sein Glas, stieß mit seinen beiden liebsten Mitarbeitern an und nahm einen großen Schluck. Dann wischte er sich den Schaum von der Oberlippe und griff nach Messer und Gabel. Unversehens hatte er richtig Hunger bekommen. Er versuchte den ersten Bissen. Die Bratwurst war köstlich. »Lass hören, Frau Kollegin. Mir erschien alles schwierig. Und es ist mir immer noch ein Rätsel, wie ihr das alles hinbekommen habt.«

Ein dröhnendes Lachen kam aus dem Mund des Abteilungsinspektors. »Mir auch. Aber es hat geklappt. Carola hätte uns auch zu klitzekleinen Räuchermännchen verarbeitet, wenn wir gepatzt hätten.« Die Chefinspektorin grinste und ließ ihr Bierglas gegen Otmars Steinkrug krachen. »So ist es. Aber ihr habt euren Job wirklich grandios bewältigt, besonders du, mein geliebter Otmar.« Der Abteilungsinspektor zwinkerte ihr zu und deutete eine Verbeugung an. Carola wandte sich wieder dem Kommissar zu, der mit Heißhunger weiterhin Kartoffeln, Sauerkraut und Wurststücke in sich hineinschaufelte.

»Das Schwierigste, Martin, war das exakte Timing auf dem Christkindlmarkt. Dass die Hirtenkinder und die Perchten sekundengenau aus der Gasse preschen, damit du keine Chance hattest, den angeblich schwerverletzten Mann im Schnee genauer zu untersuchen oder dich gar in einem Anfall von Heldenmut auf das Christkind zu stürzen. Otmar hat das super hingekriegt, während ich mich um das ›Opfer‹ kümmerte. Er gab den Akteuren zum exakt richtigen Zeitpunkt das Zeichen. Für eine Probe war ja verständlicherweise keine Gelegenheit gewesen.«

»Wie hast du das gemacht, Otmar, per Handy?« Merana griff nach seinem Bierglas. »Ich kann mich nicht erinnern, dass du am Glühweinstand telefoniert hast. Aber ich war auch zu abgelenkt.« Der Abteilungsinspektor schüttelte den Kopf. »Dafür wäre keine Zeit gewesen. Es musste alles blitzschnell gehen, nachdem das Christkind mit der Pistole aufgetaucht war. Der Besitzer des Duftkerzenstandes war eingeweiht. Dessen zehnjährige Tochter bekam 20 Euro und hat nichts anderes getan, als ständig mich zu beobachten. Und als ich die Hand in die

Höhe riss, schickte sie die schon in der Gasse zwischen den Hütten lauernden Hirtenkinder los.«

Merana konnte sich das Kopfschütteln nicht verkneifen. Er hatte tatsächlich nichts mitbekommen. Er war nur von der Situation völlig überrascht gewesen. Auf dem Boden ein blutender Mann, vor ihnen ein Christkind mit erhobener Pistole und in der nächsten Sekunde die daherstürmenden Kinder, gefolgt von zotteligen Fellwesen.

»War der aufgebrachte Mann aus Bayern auch ein gekaufter Darsteller in eurem Spiel? Vielleicht gar ein Kollege von Interpol?«

Die Chefinspektorin lachte hell auf. »Nein, der war nicht eingeplant. Das wäre um ein Haar schiefgegangen. Und sonst ist auch nicht immer alles exakt nach Drehbuch verlaufen.« Ihr Blick wanderte durch den Raum. Sie zeigte auf den Mann mit der Maronischaufel. »Unser guter Herbert hat sich in seinem Übereifer auch einen gar nicht so kleinen Schnitzer erlaubt.«

»… weil er mich mit ›Herr Kommissar‹ angeredet hat, und ich mir nicht vorstellen konnte, woher er mich kannte.«

Carola nickte. »Genau.«

Herbert Mühlberger, der Maronimann, hatte den letzten Satz mitbekommen, und näherte sich ihrem Tisch.

»Ja, da habe ich meine Rolle ein wenig zu intensiv angelegt. Sie haben es ja nicht bemerkt, Herr Kommissar, aber die Frau Chefinspektorin hat mir zwischendurch einen Blick zugeworfen, der war so eisig, dass mir fast die Glut im Maroniofen ausgegangen wäre. So muss sich ein Kaninchen fühlen, wenn ihm eine gefräßige Leopardin kurz die Zähne zeigt.«

Der Maronimann versuchte den strengen Blick von Carola nachzuahmen. Was dazu führte, dass alle plötzlich aus vollem Hals loslachten. Einige der Umstehenden bekamen die Szene mit und stimmten in das Lachen mit ein.

»Weißt du, Carola,« setzte Merana ihr Gespräch nach heftigem Luftschnappen fort, »das mit dem Maronimann war zwar etwas seltsam, aber ich war zu sehr von den auf mich einprasselnden Vorfällen verwirrt, um mir groß Gedanken darüber zu machen. Weitaus mehr hat mich verwundert, dass meine sportlich topfite Kollegin nach einem doch eher kurzen Lauf plötzlich unbedingt eine Verschnaufpause brauchte. Und das ausgerechnet ein paar Meter vor dem Ziel.«

Carola musste sich erst die Lachtränen aus den Augen wischen, ehe sie antwortete.

»Natürlich musste ich auf eine Pause beharren, Martin. Sonst hättest du ja den Reinhard am Brunnen nicht gehört. Der ist übrigens Gitarrist und Sänger in der Rockband meines Neffen. Und du musstest doch mitbekommen, was der gute Reinhard sang. Es war mir schon wichtig, dir ab und zu einen versteckten Hinweis zu servieren. Damit du zumindest eine minimale Chance hattest, die Lösung dieser grotesken Geschichte zu finden.«

Merana rief sich noch einmal die Szene am Brunnen in Erinnerung.

Freut euch am schönen Schein! hatte Reinhard gesungen. Ja, alles war nur Schein gewesen. Der falsche Text hatte Merana schon bei der Begegnung im Schneetreiben aufhorchen lassen. Aber dennoch hatte er an der Wilden-Mann-Statue die Bedeutung von *Schein* in dieser Situation noch nicht einzuordnen vermocht. *Schein.* Welch weihnachtliches Wort. Kerzen*schein*. Lichter*schein*. Der *Schein* in glücklichen Kinderaugen. Und zugleich ein Synonym dafür, dass etwas nur den An*schein* hat, als wäre es Wirklichkeit. Ein *als ob*.

»Endgültig kapiert habe ich es erst, als ich den alten Mann mit seinem Schaf hinter der Bühne traf. Da wurde es auch höchste Zeit. Es hat ja dann nur so gehagelt an Hinweisen.«

Carola kicherte. »Armer Herr Kommissar. Es fiel dir gar nicht auf, dass du alleine an der Bühnengasse angekommen bist. Ich habe noch kurz um die Ecke gelugt, weil ich mir nicht entgehen lassen wollte, wie du den bedauernswerten Erzengel zurück auf die Hinterbühne zerrst.« Wieder traten ihr Lachtränen in die Augen. »Aber dann hat dein Kriminalistenhirn angefangen zu arbeiten.« Für einen Augenblick wurde sie ganz ernst. »Es war nur ein Spiel, Martin. Mein Wichtelgeschenk. Aber ganz ehrlich, ich habe großen Respekt vor dir. Ich glaube nicht, dass ich an deiner Stelle draufgekommen wäre. So viele Hinweise waren es nun auch wieder nicht, und alle waren sehr subtil gestreut. Noch einmal, Hochachtung vor meinem Chef!« Sie hob das Bierglas. Er griff nach ihrer Hand und drückte einen Kuss darauf.

»Stell dein Licht nicht unter den Scheffel, Carola. Ich bin sicher, du hättest es auch gelöst. Und ich bin froh, dass du dem Hirten hinter der Bühne die entscheidenden versteckten Hinweise in dessen Text geschrieben hast. *Echt sind bei uns nur die Schafe. Alles andere wird gespielt.* Und vor allem: *Unsere Verwaltung ist da im Grunde sehr ordentlich. Da fehlt kein Glied in der Kette.*«

Er griff in die Tasche und holte die zerdrückte Mozartkugel heraus. Vorsichtig faltete er das Silberpapier auseinander. Dann griff er zum Messer und teilte behutsam die deformierte Schokoladenkugel in drei annähernd gleiche Teile. Mit der Messerspitze hob er das erste Stück hoch und hielt es seiner Stellvertreterin hin. Die lächelte, griff vorsichtig mit zwei Fingern danach und schob es sich in den Mund. Den zweiten Teil bekam Otmar Braunberger, den Rest genehmigte er sich selbst. Dann streifte der Kommissar das Silberpapier glatt.

»Das, liebe Carola, war eines der elegantesten Puzzleteile, raffiniert eingefügt. Eine Mozartkugel, die auf den ersten Blick nichts Weihnachtliches hat. Auch auf den zweiten Blick nicht. Aber die bei genauer Betrachtung viel über die Dramaturgie des Geschehens aussagt. Alles ist Schein.« Die Chefinspektorin hob abwehrend die Hand.

»Dieses Kompliment muss ich mindestens zur Hälfte an unseren verehrten Herrn Kollegen, Abteilungsinspektor Otmar Braunberger, weitergeben. Ich hatte zwar die Mozartkugel eingeplant, aber die zusätzliche Dimension, die sich hier auftat, auf die ist Otmar gekommen.«

Einige der Umstehenden hatten den Dialog am Tisch mitbekommen und waren neugierig auf den Zusammenhang. Denn jeder einzelne hatte sich zwar perfekt auf seine Aufgabe vorbereitet, aber die exakte Vernetzung der verschiedenen Handlungsstränge dieses Spieles war keinem bekannt. Merana hob das nun geglättete Silberpapier hoch, sodass es alle sehen konnten.

»Meine sehr geehrten Damen und Herren, was haben

wir hier?« Er war aufgestanden und hatte einen Tonfall angenommen, als stünde er in der Rolle eines Staatsanwaltes vor Gericht, der dabei ist, die lückenlose Beweiskette zu erläutern.

»Das Papier von einer Mozartkugel!«, rief eines der Mädchen mit vollem Mund.

Die Hirtenkinder hatten die Würstel längst hinter sich und waren bei Keksen und Torte angekommen.

»Sehr richtig, junge Dame, aber das ist nicht irgendeine Mozartkugel. Das ist keine der Nachahmungen, wie wir sie von verschiedenen Firmen in den Auslagen von Geschäften weltweit sehen. Das ist eine Original Salzburger Mozartkugel, kreiert nach dem Originalrezept von Paul Fürst. Er hat die Mozartkugel erfunden, die damals noch unter dem Namen *Mozart-Bonbon* angeboten wurde. Das war im Jahr 1890.«

»Pah, des is aber schon lang her!« Dieses Mal kam der Ruf von einem der Hirtenbuben, einem kleinen Braunhaarigen, der genussvoll in ein Vanillekipferl biss.

»Sehr richtig. Das ist lange her. Aber im Jahr 1890 erblickte nicht nur die Salzburger Mozartkugel das Licht der Welt. Dieses Jahr ist auch ein wichtiges Datum für alle Literaturfreunde, vor allem für Krimifans.«

Er drehte das Silberpapier um und hielt es noch ein Stück höher. »Können alle die beiden Buchstaben erkennen? Das sind ein *A* und ein *C*.« Die weiter hinten Stehenden reckten die Hälse. »Was fällt uns dazu ein?« Er drehte sich im Kreis, als hätte er ein Publikum im Gerichtssaal vor sich. Er blickte in ratlose Gesichter. »Na, dämmert nicht da etwas in euren Köpfen, geschätzte Beteiligte?«

»Moment!« Der Ruf kam von der Eingangstür her. Dort stand der Maronibrater. »Wozu habe ich denn meine Mütze, die durch das bloße Berühren mit dem genialen Kriminalistenkopf des berühmten Kommissars Merana zur Denkerhaube wurde?«

Er hielt die rote Zipfelmütze in die Höhe. Einige begannen zu lachen. Herbert Mühlberger stakste langsam in die Mitte des Raumes. Dann setzte er mit theatralischer Bewegung die Haube auf und zog sie vorsichtig bis über die Ohren. Er schloss die Augen. Seine Miene bekam einen hochkonzentrierten Ausdruck. Er begann leise zu summen, wiegte den Oberkörper sachte nach links und rechts. Plötzlich riss er die Augen auf.

»Ja! Es funktioniert!« Er zog sich die Mütze vom Kopf, warf sie in die Höhe, fing sie wieder auf. Er drehte sich einmal um die eigene Achse, wischte mit der Hand durch die Luft, als gälte es, das aufkommende Lachen zu bremsen. Dann breitete er die Arme aus. »Wir haben ein *A* und ein *C* und dazu den Hinweis ›Wichtig für Krimifreunde‹. Das kann nur eines bedeuten: Die Lösung heißt *Agatha Christie*, geboren 1890!« Er verbeugte sich.

»Großartig!«, schallte es aus dem Mund des Kommissars. Frenetischer Applaus rauschte durch den kleinen Saal der Kantine. Merana setzte seine Ausführungen fort.

»Und das erste Werk, das Agathe Christie veröffentlichte, mit dem zugleich der Meisterdetektiv Hercule Poirot die Bühne der Kriminalliteratur betrat, trägt den Titel *Das fehlende Glied in der Kette*.« Er zwinkerte seiner Stellvertreterin zu. »Und wenn ich eines beim Lesen von Agatha Christies Geschichten gelernt habe, dann dieses: *Nichts ist so, wie es auf den ersten Blick ausschaut. Hin-*

ter dem Schein verbirgt sich immer eine andere Wahrheit. So war es auch heute Abend. Ich danke für die Aufmerksamkeit. Champagner für alle!«

»Kommt sofort!« Merana fuhr herum. In der Tür stand der Polizeipräsident, Hofrat Günther Kerner. Den hatte der Kommissar noch gar nicht bemerkt.

»Hier sind wir versammelt zum löblichen Tun! Ergo bibamus!« Der Herr Präsident pflegte gerne bei jeder passenden wie unpassenden Gelegenheit Klassiker zu zitieren. In diesem Fall klang es nach Goethe, wenn Merana sich nicht täuschte. *Ergo bibamus!* Also lasset uns trinken. Das mit dem Champagner hatte der Kommissar nicht allzu ernst gemeint, eher als Floskel, aber der Herr Hofrat bestand darauf. Er führte ein kurzes Telefongespräch mit einem seiner Stammrestaurants. »Ist schon unterwegs! Zehn Flaschen dürften reichen.« Günther Kerner klopfte Merana auf die Schulter. »Na, mein Lieber, haben sie dich ordentlich drangekriegt.« Der Präsident war natürlich eingeweiht gewesen, hatte auch seinen inoffiziellen Sanktus dazu geben müssen. Zu seinem Bedauern hatte er erst jetzt zur Feierrunde dazustoßen können. Die Teilnahme an einem Weihnachts-Benefizkonzert hatte ihn abgehalten.

Merana suchte den Maronibrater. Er fand ihn im Gespräch mit Carola und Otmar.

»Gratuliere, Herr Mühlberger. Ich kenne wenige, die mit dem Hinweis der Jahreszahl und den Buchstaben A und C auf die Lösung gekommen wären. Sind Sie auch ein Agatha Christie-Fan so wie der Herr Abteilungsinspektor und ich?« Der Mann setzte sich erneut die Zipfelmütze auf, griff in die Tasche, zog sein Handy heraus und hielt es dem Kommissar vor das Gesicht. »Nein, ein schneller Googler. *1890, Geburtsjahr, berühmte Persönlichkeit.* Und schon hatte ich sie!« Er lachte so schallend, dass er sich verschluckte und heftig nach Luft rang. Otmar Braunberger hieb ihm mit seiner Pranke auf den Rücken. »Komm, Herbert, trink noch ein Bier, das tut deinem Hals besser.«

»Frohe Weihnachten, Herr Kommissar!«, schallte es hinter Meranas Rücken.

Er drehte sich um. Die zwei Männer im Trachtenanzug streckten ihm ihre Hände hin. Merana begrüßte sie. Den einen hatte er heute Abend schon getroffen. Der hatte seine Rolle des überraschten Ahnungslosen glänzend gespielt. War nicht der andere Mann auch ein Adventsingen-Veranstalter? Natürlich. Merana konnte nur nicht zuordnen, wer von den beiden jetzt das *Echte* und wer das *Ganz Echte Salzburger Adventsingen* auf die Bühne brachte. Es war ihm auch völlig egal.

»Prost, meine Herren. Schön, Sie so harmonisch nebeneinander zu sehen.«

Er hob sein Bierglas zum Gruß.

»Keine Sorge, Herr Kommissar. Wir beide verstehen einander prächtig«, sagte der Trachtenanzugträger, den Merana schon kannte.

»Und es gibt in Wirklichkeit auch gar keinen Streit zwischen den Adventsängern in Salzburg«, ergänzte der andere. »Aber der von allen immer wieder gern ins Spiel gebrachte angebliche Konflikt belebt das Geschäft.«

»Und das ist besser als jede Marketingstrategie«, fügte der erste hinzu.

Merana schaute die beiden an. Sie blickten unschuldig drein wie fromme Lämmer auf den Weiden von Bethlehem. Sagten sie tatsächlich die Wahrheit? Oder gehörte das auch zur Inszenierung dieses Abends? Herrschte für heute Ausnahmezustand, weihnachtlicher Wichtelgeschenksfriede, und ab morgen tobte wieder gehässiger Kokurrenzkampf? So treuherzig, wie die beiden schauten, musste man annehmen, sie könnten kein Wässerchen trüben. Aber wer wusste schon, ob das stimmte. Man hatte Merana in den vergangenen Stunden so oft etwas vorgegaukelt, dass ihm immer noch ganz schwindlig davon war. Im Grunde war es ihm egal, ob die beiden miteinander harmonierten oder nicht. Er wollte jetzt einfach diesen Abend genießen und keine Fragen mehr stellen. Er stieß mit den Trachtenmännern auf das Leben an sich und auf viele weitere umsatzträchtige Adventsingen-Veranstaltungen an.

Es wurde noch eine lustige Feier. Immer mehr Leute kamen im Laufe des Abends in die Polizeikantine. Kollegen aus anderen Abteilungen. Journalistenfreunde. Der Bürgermeister traf zusammen mit dem Champagner ein, gleich dahinter folgten Mitwirkende aus den diversen Adventspielen. Die begannen bald darauf heftig zu jodeln. Was sich gut mit der aufgekratzten Stimme von Shakin' Stevens mischte, dessen *Merry Christmas Everyone* aus den Lautsprecherboxen der Anlage sprudelte, die eine Kollegin aus der Abteilung Betrug aufgetrieben hatte. Sogar der falsche Hirte mit dem echten Schaf tauchte noch auf. Sehr zur Freude der Hirtenkinder.

Das Christkind warf Merana, je später es wurde, aus den weihnachtlich strahlenden Augen immer tiefere Blicke zu, sodass dem Kommissar heiß wurde. Sehr heiß.

Als Merana weit nach Mitternacht sich von einem Taxi heimbringen ließ, fühlte er sich selig. Und das Christkind, das sich neben ihm im Fond des Taxis räkelte, gurrte:

»Frohe Weihnachten, Herr Kommissar.« Und dann küsste es ihn, dass er meinte, alle Sterne Bethlehems gingen gleichzeitig auf.

Gehörte das auch zum Wichtelgeschenk? Wurde ihm hier noch einmal etwas vorgespielt? Er sah dem Christkind ins Gesicht. Nein, das vielversprechende Leuchten in den Augen der Frau war echt.

»Frohe Weihnachten, Christkind!«, sagte Merana, als sie in seiner Wohnung waren.

Und dann läuteten die Weihnachtsglocken in dieser Nacht.

Mehrmals.

OTMAR UND DIE WEIHNACHTSKEKSERLFEE

»Nein!«

Der Mann auf dem beigen Holzstuhl mit den schwarzen Metallarmlehnen hatte die Stimme erhoben. Was bei ihm selten vorkam.

»Doch!«

Der Mann auf der anderen Seite des großen Schreibtischs hatte seine Stimme ebenfalls anschwellen lassen. Was bei ihm häufig der Fall war.

»Nein!«

Der Mann auf dem beigen Stuhl erhob sich, legte die Handflächen auf die milchig weiße Schreibtischplatte und beugte sich vor. »Das kannst du dir abschminken, Günther!«

Nun erhob sich auch der Angesprochene, stützte sich ebenfalls am Schreibtisch ab, mit geballten Fäusten, und schob sein Gesicht nahe an das seines Gegenübers. Zwischen die Nasenspitzen der beiden Männer passte gerade einmal eine Christbaumkugel.

»Doch! Wenn ich sage, du machst das, dann machst du das. Das ist eine dienstliche Anordnung!«

»Den Paragrafen in der Dienstordnung musst du mir erst zeigen!« Darauf hob der Mann einen Arm und ließ zur Bestätigung seiner Entschlossenheit die Handfläche mit voller Kraft auf die Tischplatte knallen. Der Designer-Adventskranz mit der hässlich grünen Metallspirale und den gläsernen Kerzenhaltern wurde durch die Wucht der Vibration an den äußersten Rand des Schreibtisches getrieben und drohte hinunter zu fallen. Der Mann machte kehrt und steuerte auf die Tür zu.

»Otmar, bleib stehen. Du wirst daran teilnehmen! Ob es dir passt oder nicht! Basta!«

Doch Abteilungsinspektor Otmar Braunberger war schon draußen. Und Hofrat Günther Kerner, Polizeipräsident von Salzburg, bemühte sich, seinen sündteuren Adventskranz aus der Mailänder Art-Manufaktur Giuseppe Morelli vor dem Absturz zu bewahren.

Kommissar Martin Merana blickte kurz vom Laptop auf, als sich die Tür seines Büros öffnete. Sein Abteilungsinspektor kam in den Raum, angelte sich einen der Besucherstühle und platzierte seinen wohlgenährten großen Körper darauf. Ein hauchdünner Film von Schweiß war auf Otmar Braunbergers Stirn auszumachen.

Auch die leichte Röte auf den Wangen verwunderte Merana. Sonst wirkte der Abteilungsinspektor wie immer, ein Bergmassiv aus Ruhe.

»Kann ich etwas für dich tun, Otmar?«

Der Mann auf dem Stuhl schüttelte den Kopf. »Nein, ich ersuche nur um zwei Minuten Asyl.« Er schaute auf seine Armbanduhr. »So lange wird es wohl dauern, bis die Unterhändlerin auftaucht.«

Merana sagte nichts. Er langte in die Tasche seines Sakkos, holte eine Schachtel hervor und reichte dem Abteilungsinspektor ein Malzbonbon. Der nahm dankend an, steckte sich das Zuckerl in den Mund und begann genüsslich daran zu lutschen.

Es dauerte nur eine Minute und 35 Sekunden, dann steckte Veronika Schaber ihren dauerwellengestärkten

Sekretärinnenkopf in Meranas Zimmer. »Ich habe mir gedacht, dass ich dich hier finde, Otmar. Der Chef ersucht dich, umgehend in sein Büro zu kommen.«

»Da war ich schon. Es gibt nichts mehr zu sagen.« Der Abteilungsinspektor schob das Malzbonbon von der linken Backe in die rechte.

»Das wird dem Herrn Hofrat nicht gefallen.«

Braunberger zuckte mit seinen massigen Schultern. »Das ist nicht mein Bier.«

Noch ehe Veronika Schaber etwas erwidern konnte, ertönte hinter ihr eine vor Zorn bebende Stimme.

»Und ob das dein Bier ist!« Der Polizeipräsident wischte die schmächtige Sekretärin in ihrem braunen Strickkleid einfach zur Seite und stapfte in den Raum wie ein afrikanischer Büffel. Otmar Braunberger fuhr aus dem Stuhl hoch und stellte sich dem Herrn Hofrat in den Weg. Er reckte seinen Kopf vor, hob das Kinn, bot dem Büffel die Stirn. Die Gesichtsfarbe des Polizeipräsidenten näherte sich der von reifen italienischen Tomaten. Er begann zu brüllen: »Herr Abteilungsinspektor Otmar Braunberger, als Ihr Vorgesetzter befehle ich Ihnen …«

Nun erhob sich auch Merana. »Soll ich die UNO anrufen, dass sie uns Friedenstruppen schickt, oder schaffen wir das als halbwegs zivilisierte Menschen auch so?« Der Polizeipräsident wich keinen Millimeter zurück, aber er drehte seinen hochroten Büffelkopf in Richtung des Kommissars. »Herr Dienststellenleiter! Könntest du deinem Ermittler klar machen, dass er die Anweisungen seines obersten Chefs ohne Einschränkungen zu befolgen hat?«

Merana wandte sich dem Schrank neben dem Fenster zu, öffnete eine Klapptür, brachte eine bauchige Flasche mit durchsichtiger Flüssigkeit zum Vorschein und postierte sie auf dem Tisch. Daneben stellte er drei Gläser. Das vierte behielt er noch in der Hand. »Frau Schaber, Sie auch?«

Die Sekretärin zögerte. Alkohol während der Dienstzeit? Sie schielte zu ihrem Chef.

Der Büffel schnaubte und trat einen Schritt zur Seite. »Ja, sie trinkt auch einen.«

Merana füllte die Gläser und reichte sie weiter.

»Also, in zwei Wochen ist Heiliger Abend. Den wollen wir alle heil erleben. Trinken wir auf einen wohltuenden Vorweihnachtsfrieden.« Der Polizeipräsident grunzte, was eher an ein afrikanisches Buschschwein erinnerte als an einen Büffel. Er stürzte den Schnaps in einem Zug hinunter und hielt Merana sein leeres Glas hin. »Der ist gut. Williamsbirne vom Feinsten. Ich tippe auf *Guglhof Hallein*.« Merana bestätigte und füllte nach.

»Also, worum geht es?«

Hofrat Kerner wandte sich wieder dem Abteilungsinspektor zu. Er unterstrich seine Ausführungen mit hektischen Bewegungen seines rechten Zeigefingers, der in Richtung Braunberger stach.

»Zum allerletzten Mal, Otmar: Der TV-Sender und die Zeitung wollen das ausdrücklich wegen dieser Sache vom Vorjahr. Der Sponsor ist über deine Teilnahme hoch erfreut. Der Innenminister schickt eigens seinen Pressechef, und ich bestehe auch darauf, dass du dich dem stellst.«

Der Abteilungsinspektor schüttelte seinen Kopf mit den kurz geschnittenen graubraunen Haaren. »Nie und nimmer mache ich mich als Juror zum Affen bei diesem saublöden Wettbewerb.«

Veronika Schaber, die an ihrem Schnaps nippte, verschluckte sich. »Der Wettbewerb ist nicht saublöd. Der ist sehr beliebt. Ich habe auch mitgemacht, aber ich bin leider nicht einmal in die zweite Runde gekommen.«

Merana verstand immer nur Bahnhof.

»Von welchem *Wettbewerb* redet ihr?«

Die Sekretärin schüttelte missbilligend den Kopf. Wie konnte jemand nur so eine dumme Frage stellen, noch dazu als Chefermittler des Hauses.

»Na, der Bewerb *Salzburg sucht die Weihnachtskekserlfee*. 5000 haben mitgemacht, drei kommen ins Finale, und unter den Juroren ist sogar Fabian Wenzel.«

»Aber ich nicht, da kannst du Gift drauf nehmen, Günther.« Braunberger richtete sich auf und reichte Merana sein leeres Glas. »Warum schickt der Herr Präsident nicht den Chef der Kriminalabteilung?«

Merana lächelte. »Weil der Chef der Abteilung nicht halb Salzburg als der Retter der *Backblech-Fee von der Tankstelle* bekannt ist.«

Der Himmel zeigte sich schiefergrau, als Otmar Braunberger das Gebäude der Bundespolizeidirektion verließ. Er schaute nach oben. Der Wetterbericht hatte für den frühen Nachmittag Schneefall angekündigt, aber noch zeigte sich keine einzige Flocke. Ein kalter Wind wehte vom Norden her, biss sich mit scharfen Zähnen an den Ohren fest. Der Abteilungsinspektor langte in seine Manteltasche, fischte eine Pudelmütze daraus hervor und stülpte sich die Wollhaube über den Kopf. Er wollte zu

Fuß in die Innenstadt gehen, ein Marsch von einer knappen Dreiviertelstunde. Die Bewegung würde ihm gut tun. Er ertappte sich dabei, wie er mit der Stiefelspitze schnaubend einen Eisklumpen vom Gehsteig kickte. Solche Anfälle von Unmut waren sonst nicht seine Art. Aber der Ärger auf sich selbst, dass er sich schlussendlich doch zur Teilnahme am Wettbewerbs-Spektakel überreden hatte lassen, nagte noch in ihm. Als der scharfe Wind nach seinen Handknöcheln griff, steckte er die Fäuste in die Manteltasche. Er passierte auf dem *Frohnburgweg* zwei junge Frauen mit Kinderwägen, holte zu kräftigen Schritten aus und strebte der *Hellbrunner Allee* zu. Er würde seinen Weg in die Altstadt über das Nonntal nehmen. Er hatte sich den Rest des Tages freigenommen. Polizeipräsident Günther Kerner hatte sich gehütet, Einspruch dagegen zu erheben.

Salzburg sucht die Weihnachtskekserlfee! Die Worte hallten in Braunbergers Ohren wie Hohngelächter. Anfang November hatte das Spektakel begonnen, wie ihm inzwischen nach kurzer Recherche im Internet bekannt war. Veranstalter des Spektakels waren das überregionale Hochglanzmagazin *Star-Express* und eine lokale Fernseh-Station, *Salzach-TV*. Leserinnen und Zuschauerinnen waren aufgefordert worden, ihre besten Weihnachtskekse einzuschicken. Nach fünf Vorrunden mit Test-Essern sollten schlussendlich drei Kandidatinnen übrig bleiben, die in einem öffentlichen Finale vor einer prominenten Jury ihre Meisterkekse zu präsentieren hatten. Diese Jury wurde gebildet von zwei Haubenköchen aus Salzburg und einem Promi aus dem Kulturleben. Das war der bekannte Operettensänger und Star des

Salzburger Landestheaters Fabian Wenzel. Als Jury-Vorsitzende fungierte die Society-Chefin der Zeitung, Gloria Budinski. Und die kam auf die glorreiche Idee, den Kreis der Juroren noch um einige öffentliche Sympathieträger zu erweitern, Menschen, die man gut und gerne als *Unsere Freunde und Helfer* bezeichnete, also Einsatzkräfte von Feuerwehr, Rotem Kreuz und Polizei. Und das war der Haken an der Sache. Der Abteilungsinspektor musste fest an sich halten, um nicht sein Schuhwerk erneut gegen einen Schneebrocken zu donnern. Wahrscheinlich hätten die Medienleute für den Bereich *Polizei* im Normalfall einen Kollegen oder eine Kollegin vom Streifendienst genommen, also echte *Freunde und Helfer*, und keinen Krimineser. Aber da gab es leider diese saublöde Sache vom vergangenen Dezember. Schon damals war es Otmar Braunberger äußerst unangenehm gewesen, dermaßen im Rampenlicht zu stehen.

Das Übel hatte damit angefangen, dass ein gewisser Alois K., 47 Jahre alt, hoch verschuldeter Arbeitsloser mit zwei Vorstrafen wegen Ladendiebstahls, auf die absurde Idee kam, am 11. Dezember knapp vor 23 Uhr eine Tankstelle in der Nähe von Oberndorf, etwa 20 Kilometer nördlich von Salzburg, zu überfallen. Tankstellenpächterin Lilly Mittermeier staunte nicht schlecht, als sie plötzlich hinter ihrem Rücken ein »Das ist ein Überfall, machen Sie die Kassa auf!«, vernahm. Sie war gerade dabei, aus dem Elektroofen ein Backblech voll mit Keksen herauszuholen, die sie frisch zubereitet hatte, um den Männern, die nach der Nachtschicht noch auf ein Bier, einen Kaffee und einen kurzen Plausch vorbeikommen würden, eine Freude zu bereiten. Sie hatte sich Topfhandschuhe übergestülpt, um die Finger zu schützen. Sie ließ das Backblech nicht aus, als sie sich umdrehte. Vor ihr stand eine Gestalt in schwarzem Kapuzenpulli, mit dunkel gefärbter Skibrille über den Augen und einer Pistole in der Hand. Lilly Mittermeier kippte mit einem raschen Ruck das Backblech nach vorn. Eine volle Ladung frischgebackener Zimtsterne landete auf Skibrille, Brust und Schulter des Kapuzenträgers. Dann holte die Tankstellenpächterin mit dem heißen Blech aus und ließ es auf den Kopf des Eindringlings niederknallen. Etwa zu diesem Zeitpunkt war Otmar Braunberger an der Tankstelle angekommen. Er befand sich auf dem Rückweg von einer Dienstreise, die ihn am Morgen nach Braunau am Inn geführt hatte. Als er aus dem Dienstwagen stieg, um nach dem Zapfhahn zu greifen, sah er eine Gestalt mit Kapuze und verrutschter Skibrille aus der Tankstelle stürmen. Der Typ bremste überrascht vor dem Abteilungsinspektor ab und fuchtelte mit der Pistole vor dessen Gesicht. Otmar Braunberger schlug ihm die Waffe aus der Hand und drehte dem Mann mit gekonntem Griff den Arm auf den Rücken. Was den Kriminalbeamten noch mehr verwunderte als die unerwartete Attacke des Kapuzenträgers, war der Anblick der rot gelockten Frau, die mit hoch erhobenem Backblech hinter dem Mann aufgetaucht war. Der Rest war polizeiliche Routinearbeit und zugleich der Beginn eines Leidensweges, den der Abteilungsinspektor sich so nicht vorgestellt hatte. Natürlich bekamen die Medien Wind von diesem Vorfall. Und bereits am frühen Morgen des nächsten Tages standen zwei Kamera-Teams vor seiner Wohnung, um ihn zu interviewen. Er wehrte sich vehement dagegen, aber es half nichts. Fast eine ganze Woche lang kam sein Gesicht nicht aus den Schlagzeilen. Immer Seite an Seite mit dem Bild von Lilly Mittermeier. Sogar die deutsche *Bildzeitung* hatte eine Reporterin samt Fotografen nach Salzburg geschickt. *Der Bulle und die Backblech-Lady. Zimtstern-Lilly und Karate-Otmar.* Headlines wie diese schmerzten Braunberger heute noch, wenn er daran dachte. Für Alois K., der vom Möchtegerntäter zum unfreiwilligen Opfer mit großer Beule auf der Stirn geworden war, interessierte sich kein Schwein. Und auch die Tatsache, dass der Arbeitslose nur eine gekonnt nachgebildete, aber harmlose Pistolen-Attrappe bei sich gehabt hatte, fiel in den meisten Berichten unter den Redaktionstisch. Eine schmierige Wochenzeitung aus der Region faselte dann sogar etwas von einer heimlichen Liaison zwischen der agilen rothaarigen Tankstellenpächterin und dem Polizisten aus Salzburg. War doch Lilly seit einem Jahr verwitwet und, *wie man aus gut informierten Kreisen hört*, kein Kind von Traurigkeit. Otmar Braunberger hatte sich eine Klage gegen die Zeitung erspart. Er hoffte, die aufgebauschte Hysterie würde sich auch so wieder beruhigen. Lilly Mittermeier hingegen war der Medienwirbel mehr als recht. Sie musste sogar eine zusätzliche Aushilfskraft einstellen, damit sie die gesteigerte Kundenfrequenz an ihrer bis dahin nicht gerade üppig florierenden Tankstelle bewältigen konnte. Und von den Männern, die sich nach der Nachtschicht von der flotten Lilly Zimtsterne servieren ließen, kam so mancher gegen Morgengrauen auch noch in den Genuss weiterer Naschereien unter der Bettdecke in der kleinen Wohnung über der Tankstelle. Otmar Braunberger hatte im vergangenen

Winter wirklich gehofft, die leidige Angelegenheit ein für alle Mal überstanden zu haben. Und jetzt holte ihn die verdammte Geschichte wieder ein.

Als der Abteilungsinspektor die kleine Erhardkirche am Fuß des Festungsberges im Nonntal erreichte, fielen die ersten Flocken aus dem immer noch schiefergrauen Himmel. Er bog von der *Nonntaler Hauptstraße* in die *Petersbrunnstraße* ein und erreichte nach wenigen Schritten linkerhand die *Schanzlgasse*, die ihn über *Kajetanerplatz* und *Kaigasse* in die Innenstadt führte. Für einen normalen Wochentag waren auffallend viele Menschen unterwegs. Salzburg in der Weihnachtszeit war ein beliebtes Ziel für Touristen aus aller Welt: Italiener, Franzosen, Deutsche, Spanier, Japaner sowieso. Und zunehmend kamen immer mehr Chinesen, Araber und vor allem Gäste aus Osteuropa in die Festspielstadt. Braunberger bemerkte schick gekleidete Damen, die ihm mit vollen Taschen entgegen kamen, auf denen Firmennamen von Nobelboutiquen prangten. Der Genius Loci, der weltberühmte Komponist, dessen Statue auf dem nach ihm benannten *Mozartplatz* stand, trug einen doppelten Kopfschmuck auf dem Bronzekopf. Auf dem Komponistenhaupt hatte sich eine kleine Schneehaube gebildet. Auf dieser thronte eine Taube, die neugierig den Hals reckte und die vielen Menschen beäugte, die über das verschneite Pflaster eilten, dem Christkindlmarkt auf dem Residenzplatz zustrebten oder in die wohlige Wärme eines der nahen Kaffeehäuser eintauchten. Otmar Braunberger hatte drei Ziele: die *Konditorei Schatz*, das Spirituosengeschäft *Sporer* und einen der teuren Herrenausstatter.

Es war erst mittlerer Nachmittag, aber auf dem Christkindlmarkt herrschte schon Hochbetrieb. Diese Weihnachtsattraktion öffnete ihre Pforten bereits am Vormittag um zehn Uhr, an den Wochenenden sogar schon um neun Uhr. Er überlegte kurz, ob er den Weg über den Markt wählen sollte. Was ihn hier immer besonders faszinierte, waren die vielen Holzobjekte: Kinderspielzeug aus Holz, Eisenbahnen, Flugzeuge, Steckspiele, Kreisel, bis hin zu den kleinen Meisterwerken der zahlreichen Krippenfiguren. Dann entschied er sich doch für den direkten Weg, bog bei der *Konditorei Fürst* auf den *Alten Markt* ein. Auch die kleine Steinfigur des Heiligen Florian auf dem alten Marktbrunnen in der Mitte des Platzes zierte eine Schneehaube, allerdings ohne Taube. Viele der Fenster der alten Bürgerhäuser mit den stilvoll gestalteten Fassaden waren weihnachtlich geschmückt. Braunberger blieb mitten auf dem Platz stehen, drehte sich langsam im wirbelnden Tanz der Schneeflocken um die eigene Achse und ließ seine Augen über Dächer, Giebel, Fassaden, Tore, Wappen, Steintafeln und Fenster gleiten. Er kam sich vor wie in einem großen Theater, dessen Kulissen gerade als Szenerie für ein besonderes Weihnachtsstück hergerichtet wurden. Ein kleines Mädchen hatte sich von der Hand seiner Mutter gelöst und stapfte in winzigen Pelzstiefelchen auf den Abteilungsinspektor zu. Es stellte sich neben ihn und machte nach, was es sah. Auch das Kind begann sich langsam im Kreis zu drehen. Es lachte, blickte hoch und sagte etwas, das Braunberger leider nicht verstand. Eine elegante junge Frau mit dunkelblonden Strähnen unter der Pelzhaube kam heran. Sie schenkte Braunberger ein Lächeln. »Prepáčte! Entschuldigen bitte.« Sie nahm die Hand des Kindes und zog es zurück zur Gruppe, die vor dem *Café Tomaselli* stand. Braunberger winkte dem kleinen Mädchen noch einmal zu und setzte seinen Weg fort. Er steuerte auf die *Getreidegasse* zu. Bald darauf erreichte er das *Schatz-Durchhaus.* Die sogenannten *Durchhäuser* gehören zu den besonders malerischen Erscheinungen in der Salzburger Innenstadt. Diese architektonischen Durchlässe bilden Verbindungswege unterhalb und innerhalb der alten Bürgerhäuser. Die meisten dieser *Durchhäuser* findet man zwischen *Getreidegasse* und *Universitätsplatz*. Das *Schatz-Durchhaus* hat seinen Namen von der Konditorfamilie, die hier seit 1877 einen Betrieb führt.

Der Abteilungsinspektor betrat den Durchgang. Obwohl er diese Passage gewiss schon Hunderte Male genommen hatte, war er auch heute fasziniert von dem unvergleichlichen Ensemble an Rundbögen, altem Mauerwerk, steinernen Stiegenaufgängen und den hell erleuchteten Schaufenstern der exclusiven Geschäfte. In diesen Tagen war das einmalige Ambiente auch noch festlich geschmückt mit stilvollen Weihnachtssternen und goldfarbenen Lichtern.

Carl Schatz Conditor stand in alten Lettern über der Fassade der kleinen Café-Konditorei. Der Abteilungsinspektor hatte Glück. Das Geschäft war bis auf den letzten Platz voll mit Kunden, die an der Theke Tortenstücke und andere Süßigkeiten erwarben oder im Sitzen Kaffee und Kuchen genossen. Aber zwei grau melierte Männer gaben eben einen der kleinen Tische frei, und Braunberger setzte sich auf einen der weißen Stühle. Er wollte sich hier eine *Melange* und eine *Himbeer-Obers-*

Torte gönnen und zudem für Hedwig eine *Papageno-Torte* mitnehmen, die sie so gern mochte. Hedwig war die behinderte Tochter seiner Kollegin Carola Salman, auf die Braunberger manchmal achtgab. Die Dame, die ihm das Gewünschte brachte, schenkte ihm noch zusätzlich einen freundlichen Blick aus ihrem jugendlichen Stupsnasengesicht. Die Torte war ein Gedicht. Mit jedem weiteren Bissen verflog der Ärger des Vormittags, und das verhasste Rampenlicht des Weihnachtskekse-Spektakels rückte in weite Ferne.

Eine halbe Stunde später tauchte er ein in ein Aromameer aus Orangenpunsch und Fruchtlikören. Nach dem Besuch in der Konditorei war Otmar Braunberger die *Getreidegasse* weitergegangen, bis er das Haus Nummer 39 erreichte. Hier befand sich die *Likör- & Punschmanufaktur Sporer*, die Franz Sporer, ein Bauernsohn aus Oberösterreich, 1903 in Salzburg gegründet hatte.

Der Eingang war schmal. Eine Gruppe von Italienern verließ eben das Geschäft, fröhlich, aufgekratzt. Fast alle hielten in den Händen Kartons in weihnachtlicher Verpackung. Ein älterer Herr im eleganten dunkelgrauen Mantel und ein junges Mädchen in weißer Winterjacke begannen sogar zu singen. *Regali di Natale … sempre, sempre …* Braunberger ließ schmunzelnd die Leute passieren und trat ins Innere. Von dunklen Regalen leuchteten Flaschen in allen Größen.

An der Theke drängten sich etwa zehn Personen und steckten ihre Nasen in Gläser mit bernsteinfarbener Flüssigkeit. Der Geruch von Früchten und weihnachtlichen Gewürzen lag in der Luft. Braunberger musste eine Weile warten, bis er an der Reihe war. Er nahm zwei

Flaschen des Orangenpunschs, für den die alte Manufaktur berühmt war. Der freundliche Mann hinter der Theke bot ihm auch Kostproben von verschiedenen Likören an. Der Abteilungsinspektor machte sich nicht viel aus Likören, aber er versuchte dennoch einen *Cacao Nuss Likör*, einen *Weichsellikör* und einen *Brombeerlikör*. Für Letzteren entschied er sich und nahm auch davon zwei Flaschen. Als Geschenke für seine Schwester und seinen Schwager. Eine wohltuende Wärme verbreitete sich in seinem Körper und ein Hauch von Dusel im Kopf. Es wurde Zeit, einen der teuren Herrenausstatter aufzusuchen und ein elegantes dunkles Sakko zu erwerben. Wenn er schon zu dieser Show musste, dann sollte der Herr Polizeipräsident wenigstens eine gepfefferte Spesenrechnung bekommen.

Zwei Tage später zog Abteilungsinspektor Otmar Braunberger sein neu erworbenes hellblaues *Griffoni*-Hemd an und schlüpfte in das dazu passende nachtfarbene Sakko aus dem Hause *Brunello Cucinelli*. Polizeipräsident Günther Kerner hatte fast der Schlag getroffen, als ihm Braunberger kommentarlos die Rechnung von knapp 2.600 Euro auf den Tisch legte. Dann hatte er den Spesen-Beleg zähneknirschend unterschrieben. Der Abteilungsinspektor überprüfte noch kurz den Sitz der Krawatte im Vorzimmerspiegel seiner geräumigen 90-Quadratmeter-Wohnung, dann machte er sich auf den Weg ins Fernsehstudio.

Am angenehmsten war ihm der Händedruck der etwa 30-jährigen braunhaarigen Rotkreuz-Mitarbeiterin erschienen. Sie war eine von drei Frauen in der siebenköpfigen Juroren-Riege. Die anderen waren Aloisia Langer, Haubenköchin des Restaurants *Kupferschmied* aus dem Salzkammergut und die Society-Redaktionschefin von *Star-Express*, Gloria Budinski. Die hatte bei der Begrüßung auch gleich eine Bemerkung zu Braunbergers Sakko gemacht. »Herr Abteilungsinspektor, da staune ich aber! Très chic! Ich tippe auf Brunello Cucinelli oder Stefano Gabbana.« Er hatte das Kompliment mit einem unsicheren Lächeln und leicht geröteten Ohren quittiert. Zugsführerin Sabine Flieder von der *Dienststelle Zell am See* des Roten Kreuzes Salzburg saß neben ihm. Braunberger war der äußerste rechte Platz am Jurorentisch zugewiesen worden. Er blickte in die Runde. Hauptlöschmeister Dietmar Gruber von der Salzburger Berufsfeuerwehr wirkte nervös und fühlte sich wohl ähnlich unbehaglich wie er selbst. Die Haubenköchin aus dem Salzkammergut unterhielt sich mit ihrem Kollegen Gerfried Tomala, Vierhaubenkoch vom Nobelrestaurant *Leporello* in der Salzburger Innenstadt. Operettentenor Fabian Wenzel turtelte mit der Society-Chefin und ergriff schon zum zweiten Mal deren schmale Hand, um sie mit übertriebener Geste zu küssen. Der Produktionsleiter der Show stand etwa drei Meter von ihnen entfernt und erklärte dem Publikum im Saal den Ablauf des Wettbewerbs. Er wies sie auch auf die Assistentin im Bühnenhintergrund hin. Die hatte die Aufgabe, nach exaktem Ablaufplan die grüne Tafel zu heben. Diese Geste war das Startzeichen für die Leute im Saal, zu applaudieren. Und zwar genau so lange, bis die Tafel wieder gesenkt wurde. Die Juroren hatten ihre Einführung in der Kantine des Senders vom Regisseur höchstpersönlich erhalten. Dabei hatten sie auch den Moderator der Sendung kennengelernt, Gustav Streuseltoll. Die junge Dame mit der Tafel war auch dabei gewesen, Lea Herbst. Sie machte auf Braunberger einen eher desinteressierten oder vielleicht auch niedergeschlagenen Eindruck. Danach waren sie in die Maske geschickt worden. Während die Maskenbildnerin ihm die leicht feuchte Stirn puderte, hatte sich Braunberger gefragt, ob der Moderator deshalb für die Kekserl-Show ausgewählt worden war, weil er auf den Namen *Streuseltoll* hörte. Kurz vor dem Auftritt war ihnen auch noch die Marketingchefin der Backpulver-Firma vorgestellt worden, die das Spektakel zum Großteil finanzierte. Deren Namen hatte Braunberger allerdings nicht behalten.

Gustav bitte auf Position 1. Wir starten in 40 Sekunden. Die Lautsprecherstimme kam aus dem Regieraum, der von Braunbergers Platz aus nicht einzusehen war. Der Produktionsleiter zog sich zurück, der Moderator fuhr sich mit der Zunge kurz über die Lippen und stellte sich auf den markierten Platz. Ein Kameramann, der sein Gerät auf der Schulter trug, postierte sich vor ihm. Die anderen Kameras, insgesamt vier, waren auf das Publikum und auf den Jurorentisch gerichtet.

Zehn, neun, acht … Die Stimme aus dem Lautsprecher zählte die Sekunden herunter … *drei, zwei, eins.* Showmusik mit Bläsern und Geigen erklang. Die Regie startete den Show-Opener, der auch auf den vielen Monitoren im Saal zu sehen war. Braunberger konnte Bilder in rascher Schnittfolge ausmachen: Weihnachtskekse in Großaufnahme, Gesichter von lachenden Frauen, Finger, die Keksausstechformen auf flachen gelben Teig drückten, Stimmungen von Salzburgs Altstadt und der Region, wieder lachende Gesichter, Hände, die Staubzucker über einen Keksteller streuten und schließlich den Schriftzug *Salzburg sucht die Weihnachtskekserlfee!*

»Einen wunderschönen guten Abend hier aus dem großen Studio von Salzach-TV. Ja, es ist so weit. Nach fünf Wochen intensiven Backens …«

Die Stimme des Moderators kam Braunberger angenehm vor, auch wenn sie ihn ein wenig an den übereifrigen Mann erinnerte, der ihm auf der letztjährigen Salzburger Pfingstdult unbedingt die Vorzüge eines brandneuen Gemüsehäckslers erklären wollte. Der Abteilungsinspektor lehnte sich zurück, begann sich entspannt am Kinn zu kratzen. Dann bewegte er sich erschrocken wieder zurück in seine Ausgangsposition und legte die Arme auf den Tisch. Vorsichtig lugte er zu den Monitoren. Die zeigten immer noch den Moderator in Großaufnahme. Braunberger spähte zur Seite. Auch die Rotkreuzkollegin und der Herr Hauptlöschmeister hatten die Arme auf den Tisch gelegt und wirkten leicht verkrampft. Nur die Juryvorsitzende und der Operettentenor machten einen eher lässigen Eindruck. Man hatte sie in der Vorbesprechung extra drauf hingewiesen, dass die Juroren jederzeit per Großaufnahme im Bild sein könnten. Also kein unnatürliches Kratzen am Kinn, kein Gähnen, kein gelangweiltes Zurücklehnen und schon gar kein Nasenbohren.

»… und hier sind sie, unsere drei Finalistinnen!« Der Moderator hatte Stimme und Arm erhoben. Fanfarenmusik setzte ein. Drei Frauen betraten von der Seite her das Studio und bewegten sich im Gänsemarsch auf den Mann mit dem Mikrofon zu. Wie Braunberger wusste, hatten die Damen den Einzug und auch das übrige Procedere am Nachmittag mehrmals geprobt. An der Spitze der drei stolzierte Helga Zupfer, hochgewachsene Hausfrau aus Anif bei Salzburg, Anfang 60. Sie trug eine grüne Hose und einen knallgelben Blazer. Dahinter folgte im Trachtendirndl Marianne Hauer, Bäuerin aus Mattsee. Sie hatte die Haare zu kunstvollen Zöpfen geflochten, die in einer Art Gretlfrisur um ihren Kopf geschlungen waren. Der Abteilungsinspektor schätzte die Bäuerin auf Ende 30. Das Alter der dritten Frau war für ihn schwer einzuordnen. Geschminkt war sie wie eine 20-Jährige, die glatten Hautpartien im Gesicht deuteten auf die eine oder andere Schönheitsoperation hin. Das auffallende Blond der Haare schien ihm nicht echt. Ihre Bewegung war allerdings elegant. Sie war es offenbar gewohnt, selbstsicher zu schreiten. Der hohe Schlitz an ihrem dunklen bodenlangen Kleid ließ hin und wieder ein wohlgeformtes Knie erkennen. Braunberger wusste aus der Vorbesprechung, dass die dritte Finalistin Ricarda Dobaschko hieß, dass sie aus der Stadt Salzburg war und dass sie früher einmal als Schauspielerin und Model gearbeitet hatte.

Der Moderator stellte die Kandidatinnen dem Publikum vor, führte mit jeder ein kurzes Gespräch, dann entließ er sie zu ihren Plätzen. Die Show sollte, inclusive Werbe-Unterbrechungen, eine Stunde dauern. Es gab drei Präsentationsrunden: zuerst *Weihnachtskekse Traditionell*, dann *Vanillekipferl, der Klassiker* und schließlich *Weihnachtskonfekt Exotisch*. Unter der letzten Kategorie konnte sich Braunberger absolut nichts vorstellen, aber er wollte sich überraschen lassen. Zu jeder Runde hatten sich die Show-Verantwortlichen eine passende musikalische Umrahmung einfallen lassen. Dazwischen würde der Moderator mit Vertretern der Hauptsponsoren plaudern, mit Gästen aus dem Publikum und mit den Juroren. Der Gedanke daran bereitete Braunberger Magenschmerzen. Dabei würde natürlich wieder die Tankstellen-Episode aus dem Vorjahr zur Sprache kommen. Er hatte bei der Vorbesprechung eindringlich darum gebeten, ihn mit Kraftausdrücken wie *Karate-Otmar* oder *Kekserl-Bulle* zu verschonen. Er hoffte, der Moderator hielt sich daran.

Es ging los. Gustav Streuseltoll kündigte die erste Runde an: *Weihnachtskekse Traditionell.* Hier gab es keine weiteren Vorgaben, die Kandidatinnen hatten völlig freie Wahl. Jede durfte zwei unterschiedliche Sorten aus ihrem Repertoire vorlegen. Die Damen hatten sich hinter die Bühne verzogen, um die Präsentation ihrer Kekse vorzubereiten. Der Moderator stellte inzwischen drei junge Frauen vor, die als *Untersberger Hackbrett Trio* die erste Runde musikalisch begleiten sollten. Die Sprecherin der drei Musikantinnen, eine junge Frau Mitte 30, war offenbar die Instrumentallehrerin der beiden anderen. Alle drei trugen Dirndlkleider in unterschiedlichen Farben aber mit ähnlichen Schürzen. Die Lehrerin nahm am Hackbretttischchen Platz, die beiden Schülerinnen, 17 und 18 Jahre alt, griffen zu Gitarre und Harfe. Das Trio spielte als erstes Stück einen *Advent-Landler*, eine weihnachtliche Weise im langsamen Dreivierteltakt. Braunberger beobachtete auf den Studiomonitoren, wie die Regie aus den Livebildern der Kameraleute, aus den Großaufnahmen der Hände, den Totalen und Halbtotalen der Gruppe und den Zwischenschnitten von aufmerksam lauschenden Zuschauergesichtern einen stimmigen Mix formten, immer im Rhythmus der Musik. Was er sah, gefiel dem Abteilungsinspektor. Auf den *Landler* folgte die Präsentation der ersten Kekse. Sieben Studentinnen in weißen Kleidern mit angedeuteten Engelsflügeln und viel Goldstaub in den Gesichtern brachten Silbertabletts herein. Hinter den jungen Damen folgten die drei Finalistinnen. Während die Tabletträgerinnen sich dem Jurorentisch zuwandten, nahmen die Kandidatinnen wie schon zu Beginn der Show wieder auf ihren goldenen Stühlen Platz. Die Engerl-Mädchen stellten je ein Tablett vor jedes Mitglied der Jury. Der Boden der Platten war mit groß aufgedruckten Lettern markiert, zeigten ein *A*, ein *B* und ein *C*. Auf jedem Buchstaben lagen zwei Kekse. Keiner der Juroren wusste, welcher Buchstabe für welche Finalistin stand.

Gustav Streuseltoll bat um einen riesigen *Applaus für die großartigen Damen und Herren aus unserer exclusiven Jury*. Die Assistentin im Bühnenhintergrund riss ihre grüne Tafel hoch, und das Publikum patschte frenetisch mit den Händen. Dann stellte der Moderator die Jury-Vorsitzende vor, *die wunderbare Gloria Budinski, Leiterin der Society-Redaktion des exquisiten Star-Express*. Und auch jetzt funktionierte, wie schon zuvor, alles wie am Schnürchen: grüne Tafel hoch, Händeklatschen, grüne Tafel runter, Ruhe. Fast Ruhe, ein Herr in der zweiten Reihe war unaufmerksam und patschte zwei Sekunden alleine nach. Er erntete dafür nicht nur einen bösen Blick des Aufnahmeleiters, sondern auch von der Begleiterin an seiner Seite.

Gustav Streuseltoll plauderte mit der Society-Chefin noch über die *wunderwunderwunderbare Kooperation bei diesem tollentollen Kekserl-Event*. Er ließ sie auch ein paar Lobeshymnen auf ihre Zeitung, den *Star-Express*, singen. Dann ersuchte der Moderator Gloria Budinski, die Regeln des Final-Bewerbes zu erklären. Die waren ganz einfach. Jedes Jurymitglied kostete von den Keksen und ordnete Punkte zu. Zehn Punkte waren das Maximum, ein Punkt die niedrigste Bewertung.

»Wunderbar, liebe Jury, dann hurtig an die süße Arbeit! Und unsere drei entzückenden Grazien vom *Untersberger Hackbrett Trio* spielen uns inzwischen eine weitere weihnachtliche Weise. Die dauert genau drei Minuten und zehn Sekunden. Und genau so lange hat die Jury Zeit, ihre Bewertung abzugeben.«

Das dunkelhaarige Mädchen an der Harfe mit dem pink Farbton im Schopf gab den Einsatz, und die drei Musikantinnen begannen zu spielen.

Braunberger warf zuerst einen Blick in die Runde, bevor er sich den Keksen auf seinem Tablett widmete. Der Operettentenor zog eine kleine Show ab, nahm das Tablett mit dem Gebäck hoch, roch daran, hob das Gesicht, lächelte breit, als er merkte, dass ihn die Kamera in Großaufnahme einfing. Die Haubenköchin aus dem Salzkammergut hatte sich das erste Keks bereits in den Mund geschoben und begann langsam zu kauen. Sie schloss die Augen und nickte anerkennend. Braunberger schaute auf den Silberteller vor ihm. Auf dem Abschnitt mit dem Buchstaben *A* lag ein helles, staubzuckerbestreutes rundes Keks mit drei kleinen Löchern für die Marmelade zwischen den Kekshälften, ein *Linzerauge*. Meist verwendet man dazu Ribiselmarmelade, deren leicht säuerlicher Geschmack mit der Süße des Backwerks wunderbar harmoniert. Braunberger war kein Keks-Experte. Selbermachen war nicht seins, das überließ er lieber seiner Schwester Gudrun. Aber er hatte sich im Internet schlaugemacht und auch lange mit seiner Schwester telefoniert. Wenn er schon hier in aller Öffentlichkeit als Juror aufzutreten hatte, dann wollte er sich keinesfalls blamieren. Neben dem *Linzerauge* fand er auf dem Buchstaben *A* noch ein *Husarenkrapferl*. Auch dieses war mit Marmelade gefüllt und zusätzlich mit Mandelsplittern bedeckt. Vorsichtig hob er das kleine weihnachtliche Backwerk hoch und kostete. Er konnte es nicht genau sagen, aber er tippte in diesem Fall auf Quittenmarmelade. Mischte sich gut mit dem Geschmack der Mandelsplitter. Vielleicht eine Spur zu viel Zitrone im Teig, stellte er fest. Aber er wollte erst die anderen Kekse versuchen, ehe er seine Punkte vergab. Er schluckte den Rest des *Husarenkipferls* hinunter und griff zum *Linzerauge*. Mhmm! Wunderbar! Das schmeckte für ihn nach Weihnachten! Da tauchten die mit Englein und Spielsachen verzierten Adventskalender seiner Kindheit auf, die Modelleisenbahn unter dem Christbaum und die Glocken der Mitternachtsmette. Vielleicht war er ein bisschen voreingenommen, aber Ribiselmarmelade gehörte zu jenen Genüssen, für die er meilenweit gehen würde. Sogar bis in den Pinzgau, wo die Großmutter von Martin Merana wohnte. Und deren Ribiselmarmelade stand jener der *Linzeraugen*-Produzentin in seinem Mund um nichts nach. Er sah auf die Studiouhr. Es waren schon fast eine Minute und 40 Sekunden vergangen. Er musste sich beeilen. Buchstabe *B* bot ein Keks mit mehreren Mürbteigschichten. Zwischen den Schichten war Himbeermarmelade. Das Ganze war mit Zuckerschnee überspritzt. Er hatte keine Ahnung von der Bezeichnung dieses Konfekts, aber es schmeckte nicht schlecht. Den zweiten Keks von *B* konnte er zuordnen: *Spitzbube*. Ähnliche Form wie das *Linzerauge*, aber mit nur einer Öffnung im Deckel. Das war größer und wies einen gezackten Rand auf. Die süßen Genüsse von *B* hoben nach den hervorragenden Keksen von *A* zusätzlich seine Stimmung. Welche Kandidatin sich auch immer hinter dem Buchstaben *C* verbarg, auch sie verstand ihr Backhandwerk. Aber Braunberger war natürlich von vornherein davon ausgegangen, dass sich hier im Finale schon kleine Meisterinnen präsentierten.

Der Abteilungsinspektor griff bei *C* herzhaft nach einem echten Klassiker, einem *Zimtstern*, wobei er sich krampfhaft bemühte, nicht an Tankstellen-Lilly zu denken. Ob Köchin *C* auch eine ähnlich resolute Dame war, die gelegentlich mit dem Backblech ausholte, wenn ihr wer zu nahe kam? Vielleicht würde er das später noch herausfinden, wenn das Geheimnis gelüftet war. Der Zimtstern, den er vor sich hatte, jedoch lag um einige Klassen über jenem aus der Tankstelle. Den Abschluss seines Tests bei *C* bildete noch ein *Honiglebkuchen* in Sternform.

Das Volksmusik-Trio spielte den Schlussakkord. Die Leute im Publikum klatschten.

»Soooo, liebe Mitglieder der Jury! Jetzt schnell eure Punkte eintragen und die Bewertung für die erste Runde abgeben.« Der Moderator hatte drei kleine Blumensträuße von seiner Assistentin bekommen, die er an die drei Musikantinnen weiterreichte.

»Vielen Dank an die Musikerinnen vom *Untersberger*

Hackbrett Trio. Das ist euer Abgangsapplaus. Nach einer kurzen Werbepause sind wir wieder zurück bei unserem fantastischen Finale mit der Frage: Wer wird Salzburgs Weihnachtskekserlfee? In jedem Fall ist es eine dieser drei meisterlichen Damen!« Die Regie zeigte die drei Finalistinnen, die, wie abgesprochen, in die Kamera winkten. Dann war schon der *Opener* zu hören, der den Werbeblock einleitete.

Großartig bisher!, ertönte die Stimme des Regisseurs aus den Lautsprechern. Wir sind exakt in time. Gustav, bitte Vorsicht beim Gespräch mit den Jurymitgliedern. Wir beginnen im Doppel, und du wärst uns vorhin beinahe aus dem Bild gerutscht.

Der Moderator hob die Hand. »Alles klar, Charly!«

Zwei Maskenbilderinnen tauchten auf, eine tupfte Gustav Streuseltoll die Stirn ab, die andere kümmerte sich um das Make-up der drei Finalistinnen.

Braunberger hatte so wie auch die anderen aus der Jury den Umschlag mit seiner Bewertung abgegeben. *A* hatte 9 Punkte bekommen. Einen Punkt hatte der Abteilungsinspektor abgezogen wegen des Hauchs von zu viel Zitrone. *B* war bei ihm mit 7 und *C* mit 6 Punkten ausgestiegen.

»Was hat dir am besten geschmeckt?« Die Rotkreuz-Zugsführerin beugte sich zu ihm herüber. Auch sie war trachtig gekleidet, ähnlich wie die Bäuerin aus Mattsee. Aber Sabine Flieder trug das schulterlange Haar offen.

»Die Ribiselmarmelade.«

»Mich hat auch das *Linzerauge* am meisten begeistert, und dann der *Honiglebkuchen*. Jetzt bin ich gespannt auf die *Vanillekipferl*. Die mache ich nämlich selber gern.«

»Und ich esse sie gern.« Die Zugsführerin lachte kurz, wollte noch etwas erwidern, doch die Lautsprecherstimme des Regisseurs ließ sie zurückschrecken.

Achtung in zehn, neun, acht, sieben …

In der zweiten Runde lag nur ein Gebäckstück pro Buchstabe auf dem Teller. Jede der Kandidatinnen hatte ein Vanillekipferl für die kulinarische Prüfung ausgewählt.

Wieder bekam Finalistin *A* vom Abteilungsinspektor die höchste Punkteanzahl, nämlich 8. Den anderen beiden widmete er jeweils eine 6. Begleitet wurde die zweite Runde von einem Musiker-Duo im schwarzen Anzug. Die beiden Männer spielten Geige und Knopferlharmonika. Die Darbietung ihrer Weihnachtslieder erinnerte an böhmische Küche und Wiener Kaffeehaus.

Dieses Mal hatte der Moderator sich für ein kurzes Gespräch an die beiden Haubenköche, Aloisia Langer und Gerfried Tomala, gewandt. Der Operettensänger würde nach der dritten Runde einen eigenen Auftritt haben und dabei auch ein Weihnachtslied zum Besten geben. Dann käme die Gesprächsrunde mit *unseren Freunden und Helfern* dran, wie sie in der Vorbesprechung erfahren hatten. Darauf folgte der Höhepunkt mit Sponsorinterview und Urteilsverkündung.

Die dritte Runde in der Kategorie *Weihnachtskonfekt Exotisch* begann mit dem Auftritt einer Salsagruppe. Die spärlich bekleideten Tänzerinnen hatten kleine Silbersterne auf ihren Kostümen und trugen rote Santa Claus Mützen.

Insgesamt bestand die Truppe aus 12 Leuten, sechs Musikern und sechs Tänzerinnen. Sie brachten mit einer schwungvollen Version von *Feliz Navidad* ordentlich Stimmung in die Halle. Obwohl keine grüne Tafel gehoben worden war, begannen die Zuschauer schon nach den ersten Takten mitzuklatschen. Und auch der frenetische Jubel nach der Darbietung dauerte lange. Die Assistentin hatte die Applaustafel längst gesenkt, aber die Leute klatschten immer noch.

Die Präsentation der letzten Weihnachtsgebäck-Runde lief etwas anders ab als die Durchgänge zuvor. Zwei Studentinnen im Engerloutfit schoben einen langen Servierwagen herein, auf dem sieben Silberteller mit je 3 Konfektstücken lagen.

»Meine Damen und Herren. Sie sehen hier die süßen weihnachtlichen Kostbarkeiten der letzten Runde. Wir haben unsere Finalistinnen gebeten, ihren Kreationen einen eigenen Fantasienamen zu geben.« Der Moderator trat näher an den Wagen. Die Kamera zeigte einen der Teller in Großaufnahme.

»Wir haben hier einen *Südsee-Weihnachtswirbel*, eine *Schneeköniginnen-Weihnachtskrone* und einen *Halleluja-Weihnachtsbaum*! Unsere drei Finalistinnen werden jetzt selbst die Teller mit den Kreationen servieren. Bitte meine Damen.«

Die Bäuerin aus Mattsee wollte sich von ihrem Stuhl erheben, aber Ricarda Dobaschko kam ihr zuvor. Sie schnappte sich zwei der Silberteller und trat an den Jurytisch. Den ersten stellte sie vor den Operettensänger. Braunberger beobachtete die Szene. Die Frau wartete. Fabian Wenzel, der den Kopf gesenkt hielt, schaute kurz auf, versuchte ein Lächeln, das etwas gezwungen ausfiel, und richtete seinen Blick wieder auf den Teller. Ricarda

Dobaschko blieb noch kurz vor ihm stehen, dann reichte sie die zweite Silberplatte an die Juryvorsitzende. Die Kandidatin kehrte zurück zu ihrem Platz. Inzwischen hatte auch die Bäuerin zwei der Tabletts vom Wagen aufgenommen und stellte sie vor die Rotkreuzmitarbeiterin und den Abteilungsinspektor. Die dritte Finalistin versorgte den Feuerwehrmann und den Vierhaubenkoch. Moderator Gustav Streuseltoll nahm schließlich den letzten Teller und reichte ihn Aloisia Langer, Haubenköchin aus dem Salzkammergut.

Die Salsagruppe nahm Aufstellung, der Mann an den Congas begann mit flachen Händen zu trommeln, die Tänzerinnen kreisten die Hüften und schwangen die Arme nach oben. Eine heiße Version von *Jingle Bells* stand auf dem Programm. Die Juroren machten sich ans Werk.

Braunberger betrachtete die exotischen Kreationen auf seinem Teller. Der *Südsee-Weihnachtswirbel* wirkte auf den ersten Blick wie ein kleines psychodelisches Kunstwerk aus den späten 70er Jahren. Ein kreisrundes Konfekt, etwa drei Zentimeter hoch, bot sich seinen Augen. Der Teig in der Mitte wies eine Spirale aus hellen und dunklen Streifen auf. Die kleinen weißen Flöckchen, die das Konfekt außen herum bedeckten, hielt Braunberger für Kokosflocken. Er hob das Gebilde hoch und biss hinein. Eindeutig Kokosflocken, das konnte er sofort feststellen. Er befühlte das abgebissene Stück mit Zunge und Gaumen. Den Geschmack von Rum konnte er ausmachen in hervorragender Qualität. Auch dem Kakao, der wohl den dunklen Streifen des Konfekts die entsprechende Farbe verlieh, bescheinigte er exzellente Güte. Er legte die Süßigkeit zurück auf den Teller. Die *Schneekö-niginnen-Weihnachtskrone* erinnerte ihn von der Konsistenz des Teiges her an Makronen. Das Gebilde sah tatsächlich aus wie eine kleine Krone mit hohen Zacken, bis oben hin gefüllt mit gelblichen Fruchtstücken. Er brach ein Stück vom Zackenrand und kostete davon. Sofort spürte sein Gaumen die wohltuend sanfte Schärfe von Ingwer. Raffiniert. Da war noch ein anderes Gewürz beigemengt, dessen Herkunft er nicht orten konnte. Nun inspizierte er die dritte Süßigkeit. Der *Halleluja-Weihnachtsbaum* zeigte sich als dunkelbraunes nach oben hin verjüngtes Gebilde mit allerlei Flocken und Streusel auf seinen angedeuteten Ästen. Der Abteilungsinspektor griff danach, als er plötzlich Unruhe wahrnahm. Zwei der Tänzerinnen standen wie erstarrt und hielten sich die Hand an den Mund. Der Congaspieler stoppte sein Spiel. In der nächsten Sekunde erstarb die Musik, und die ersten Zuschauer begannen zu schreien. Braunberger folgte den Blicken der entsetzten Menschen. Der Operettentenor krümmte sich schmerzverzerrt über den Jurytisch. Aus seinem Mund tropften Speichel und Kuchenreste. Gloria Budinski hatte sich über ihn gebeugt, versuchte, den Sänger an der Schulter zu fassen. Der wollte sich aufrichten, taumelte nach hinten und stürzte zu Boden. Braunberger und die Zugsführerin des Roten Kreuzes waren gleichzeitig aufgesprungen. Er ließ der Helferin den Vortritt, kniete sich dann neben den gestürzten Tenor auf den Boden. Fabian Wenzels Augen waren weit aufgerissen. Er rang nach Atem. Aus seinem Mund quollen immer noch vom Speichel aufgeweichte Biskuitreste. Er zitterte am ganzen Körper. Seine verkrampfte Rechte hielt ein

Stück Teig und kleine Ananasstücke. Der Abteilungsinspektor bog vorsichtig die Finger des Sängers auseinander. Er erkannte die zermanschten Reste einer *Schneeköniginnen-Weihnachtskrone.*

Das Fiasko war riesengroß. Ein Unglück in einer Livesendung. Tausende Fernsehzuschauer waren Zeuge geworden, wie der bekannte Operettentenor beim Verkosten eines Weihnachtskonfekts zusammengebrochen war. Das Bereitschafts-Notarzt-Team der Produktion war sofort zur Stelle. Ob Verbrechen oder Unglück, der Abteilungsinspektor schickte sich an, augenblicklich die notwendigen polizeilichen Maßnahmen in die Wege zu leiten. Der Bildschirm seines stumm geschalteten Handys blinkte. Es war Günther Kerner. Der Polizeipräsident hatte die Show am TV-Bildschirm mitverfolgt. Er würde umgehend die Staatsanwaltschaft verständigen und beauftragte Braunberger mit den Ermittlungen am Schauplatz, da Kommissar Merana zu einer Dienstbesprechung in Wien weilte. Bevor das Rettungsauto mit dem sich immer noch krümmenden Sänger abfuhr, bat der Abteilungsinspektor den Notarzt um eine erste Einschätzung.

»Vergiftung?«

»Kann sein. Die Anzeichen lassen eine derartige Diagnose zu. Es kann aber auch etwas anderes sein.«

Welche anderen Möglichkeiten der Mediziner ins Auge fasste, konnte Braunberger nicht mehr in Erfahrung bringen, das Rotkreuz-Fahrzeug raste schon mit Blaulicht davon. Braunberger ersuchte alle Beteiligten, noch da zu bleiben, er wollte sich eine Übersicht des Ablaufs verschaffen. Und eines wollte er jetzt sofort wissen: *»Von* *welcher der Damen stammt die Schneeköniginnen-Weihnachtskrone?«*

»Die stammt von mir!« Die hochgewachsene Gestalt in dem bodenlangen geschlitzten Kleid setzte sich in Bewegung. Sie baute sich vor Braunberger auf.

»Aber Sie wollen doch damit nicht andeuten, dass mein wunderbares Weihnachtskonfekt etwas mit diesem schrecklichen Vorfall zu tun hat.«

Er deutete gar nichts an. Er führte eine Untersuchung. Der Rest würde sich herausstellen. Er bat die aufgebrachte Kandidatin, sich wieder hinzusetzen. Braunberger war überzeugt davon, dass der Anfall des Sängers etwas mit den Vorgängen dieser Show zu tun hatte. Er glaubte nicht an Zufälle. Er würde die Spurensicherung hier brauchen. Und Verstärkung aus der Kollegenschaft, Profis, die ihm bei den Befragungen halfen. Und er musste dafür sorgen, dass die Reste aller drei exotischen Konfekte so rasch wie möglich ins Labor kamen. Zwei Stunden später hatte er mithilfe der eingetroffenen Kollegen die Daten der wichtigsten Beteiligten aufgenommen. Erste Befragungen hatten nichts Wesentliches ergeben. Keiner hatte etwas Verdächtiges bemerkt. Es war auch schwierig, mit gezielten Fragen nachzustoßen, ehe nicht eindeutig geklärt war, was den Zusammenbruch des Sängers tatsächlich verursacht hatte. Er entließ die Leute, vereinbarte aber mit Ricarda Dobaschko, das Gespräch mit ihr am nächsten Tag fortzusetzen. Sie hatte widerwillig seinem Vorschlag zugestimmt, ihn morgen um zehn Uhr in ihrem Haus in Langwied zu erwarten. Dabei wollte Braunberger sie dann auch danach fragen, warum sie auffallend lang vor Fabian Wenzel stehen geblieben war. Und ob sie eine Erklärung dafür hätte, warum der Sänger sie kaum eines Blickes gewürdigt hatte.

Auf der Heimfahrt durch dichtes Schneetreiben entfuhr ihm mitten auf der *Alpenstraße* unwillkürlich ein Lachen. Der Gedanke war ihm jetzt erst aufgeblitzt. Durch den vorzeitigen Abbruch der Show war er gar nicht mehr an die Reihe gekommen, interviewt zu werden. Er hatte sich also erspart, über die Tankstellen-Backblech-Episode des vergangenen Jahres reden zu müssen. Er fühlte sich erleichtert. Hoffentlich musste der bedauernswerte Operettendarsteller nicht einen zu hohen Preis für die glückliche Fügung bezahlen. Er fuhr rechts ran und wählte die Nummer des Krankenhauses. Man verband ihn mit der zuständigen Abteilung. Der Primar selbst war am Apparat. Braunberger konnte sich ein Schmunzeln nicht verkneifen. Wenn Landestheater-Stars eingeliefert werden, dann waren spätnachts offenbar Primare höchstpersönlich zur Stelle. Nein, man könne immer noch nichts Genaues sagen, erfuhr er von dem Mediziner. Eine Vergiftung könnte vorliegen. Aber die auffallend markanten Symptome deuteten eher auf eine allergische Schockreaktion hin. Mehr könne man erst bekannt geben, wenn man wisse, welche Substanz diese Reaktion hervorgerufen habe. Der Patient befinde sich in einem stabilen Zustand, sei aber nicht ansprechbar. Braunberger bedankte sich und lenkte sein Auto wieder in die Straßenmitte. Genaugenommen wäre er selbst ja der Hauptverdächtige. Er hatte das stärkste Motiv, einen Showabbruch herbeizuführen, um nicht öffentlich vor laufenden Kameras plaudern zu müssen. Es dauerte sicher nicht lange, dann würde ihm einer seiner Kollegen grinsend dieses Motiv unterstellen. Er schickte ein Stoßgebet zum Christkind: Bitte lass Martin bald zurückkehren. Der soll sich um die Untersuchung kümmern, falls es sich bei dem Vorfall überhaupt um eine kriminelle Tat handelte. Wenn der Kommissar hier wäre, dann könnte der Abteilungsinspektor aus dem Rampenlicht wieder zurück in den Halbschatten treten, wo er sich wohler fühlte.

Doch das Christkind hatte ihn nicht erhört oder hatte andere Pläne für Braunbergers Weihnachtsgeschenke. Gleich in der Früh erstattete er dem Chef Bericht. Der schüttelte nur in einem fort den Kopf und spielte nebenbei mit den Kerzen an seinem Designer-Adventskranz.

»Braunberger, Braunberger … ich verdächtige dich, dass du selbst dem bedauernswerten Koloraturenquetscher Gift untergejubelt hast, damit die Fernseh-Show abgebrochen wird und du aus dem Schneider bist.«

Halleluja, wer sagt's denn! Hier war sie schon, die hämische Flaxerei. »Und dafür habe ich vorgestern eine horrende Ausgabenbestätigung unterschrieben! Damit du in italienischen Designerklamotten herumläufst und erst recht nicht zum Ruhme der Salzburger Polizei im Scheinwerferlicht glänzen konntest.« Wenn der Chef vom *Ruhme der Salzburger Polizei* sprach, meinte er zuallererst seinen eigenen Ruhm. »Zur Strafe führst du die Ermittlungen weiter. Merana ist noch mindestens zwei Tage in Wien.« Braunberger schickte innerlich eine Beschwerde an das Christkind. »Also, Herr Abteilungsinspektor, rasch ans Werk. Und ich will bald Erfolge sehen. Mach dir nichts draus, dass da du eher unter bedauernswerten Umständen hineingestolpert bist. Denn wisse, Otmar Braunberger: *Die meisten großen Taten haben einen belächelnswerten Anfang!* Johann Wolfgang von Goethe.«

Der Abteilungsinspektor wandte sich an der Tür um. »Falsch, Herr Hofrat. Albert Camus!«

Durch die übergroße Vorliebe ihres Chefs, bei jeder Gelegenheit mit geflügelten Worten um sich zu werfen, waren die meisten Mitarbeiter in dessen Umgebung zu echten Zitaten-Experten geworden. Nur er selbst schwächelte oft in der richtigen Zuordnung der Sprüche zu den Urhebern.

Ricarda Dobaschkos Haus lag in der *Nachtigallenstraße* im Salzburger Stadtteil *Langwied*. Die meisten Straßen der Umgebung waren nach Singvögeln benannt. Es gab auch eine *Lerchenstraße*, eine *Amselstraße*, eine *Finkenstraße*, sogar eine *Pirolstraße*. Die *Nachtigallenstraße* war nur etwa 300 Meter lang. So hatte Otmar Braunberger das kleine rote Haus mit der weißen Tür gleich gefunden. Er läutete.

Nach ein paar Sekunden hörte er Schritte aus dem Hausinneren. Die Tür wurde einen Spaltbreit geöffnet. Braunberger war überrascht. Anstelle des wasserstoffblonden Kopfes der Weihnachtskeksfinalistin starrten ihn zwei große dunkle Augen an, mit auffallend weißen Augäpfeln. Der Kontrast wirkte umso heftiger, weil das Gesicht der Frau schwarz war. Über ihre Haare hatte sie ein dunkles Tuch geschwungen. Es war offensichtlich: Der Kopf, der aus dem Türspalt lugte, gehörte zu einer Afrikanerin.

»Bitte … was wünschen?«

Die Stimme der Frau zitterte. Ihre Augen wanderten unruhig hin und her.

»Guten Tag. Mein Name ist Otmar Braunberger. Ich habe eine Verabredung mit Frau Dobaschko.«

»Nicht hier. Kommen bitte später. Vielleicht in Stunde oder zwei.« Sie schluckte. Ihr Adamsapfel war unter der festen braunen Haut am Hals gut auszumachen.

»Frau Dobaschko hat mit mir einen Termin um zehn Uhr vereinbart.« Er sprach langsam, damit sie seinen Worten folgen konnte. »Ich warte auf sie.« Er machte einen Schritt nach vor.

»Nein.« Die Afrikanerin schob die Tür weiter zu, nur mehr ein schmaler Spalt war offen. »Nicht dürfen hereinlassen.«

Braunberger griff in seine Tasche. »Keine Angst. Mich dürfen Sie hineinlassen. Ich bin von der Polizei.« Er hielt den geöffneten Dienstausweis gegen den Türspalt. Die Frau zögerte. Er konnte die wachsende Unruhe in ihren Augen erkennen. Sie kämpfte mit der Entscheidung, was sie tun sollte. Schließlich ließ sie die Türschnalle von innen los. »Bitte kommen.«

Er trat ein. Sie hatte die Arme vor dem Oberkörper verschränkt, bemühte sich, das Zittern, das ihren Leib schüttelte, zu unterdrücken. Sie drehte sich um und ging langsam voraus. Vor der halb geöffneten Tür zum Wohnzimmer zögerte sie, wandte sich dann nach rechts und betrat die Küche. Er folgte ihr. Sie stellte sich vor die Abwasch und schaute ihn ängstlich an.

»Darf ich mich setzen?« Sie nickte heftig.

Er rückte einen Stuhl zurecht und nahm Platz. »Darf ich fragen, wie Sie heißen?«

Ihre Lippen bebten. Sie öffnete den Mund, krächzte. Die Stimme war belegt. Beim zweiten Versuch klang es besser. »Nadifa … nur hier, weil helfen. Nix Arbeit, nur helfen.« Sie griff nach einem Geschirrtuch und begann, wie wild eine Pfanne aus der Spüle abzutrocknen.

»Nadifa ist ein schöner Name.« Er überlegte, wie er die Frau beruhigen konnte.

Auch Hedwig, die geistig beeinträchtigte Tochter seiner Kollegin, geriet manchmal unversehens in Panik. Da wusste er immer, was zu tun war. Manchmal beruhigte er die Kleine, indem er ihr Kinderlieder vorsang. Bei seinem unmusikalischen Brummbass hätte sich jeder andere die Ohren zugehalten, aber Hedwig gefiel das. Kaum stimmte er seinen falschen Gesang an, begann die Kleine zu jauchzen. Aber die Brummbass-Methode wollte er der jungen Frau aus Afrika ersparen.

»Nadifa, hören Sie mir bitte zu.« Sie wandte ihm den Kopf zu. Sie war hübsch. Vielleicht Mitte 20, schätzte er. Sie trug eine hellblaue Arbeitsschürze über ihrem einfachen Wollkleid. »Ich bin nicht gekommen, um Sie nach Ihrer Aufenthaltsgenehmigung zu fragen. Und es ist für mich auch nicht wichtig, was Sie hier machen. Wenn Sie hier arbeiten und Geld dafür bekommen, ist das gut für Sie. Ich mache Ihnen keine Probleme. Verstehen Sie?« Sie hielt in ihrer Tätigkeit inne und schaute ihn an. In ihrem Gesicht spiegelte sich Zweifel. Er konnte sich gut vorstellen, dass sie niemandem traute. Schon gar keinem Polizisten. Er atmete tief durch. Dann breitete er ein wenig die Arme aus und versuchte ein offenes Lächeln. Etwas musste an ihm sein, das auch Hedwig mochte. Ähnlich wie die Kleine hörte auch die junge Afrikanerin auf zu zittern und schaute ihn mit großen Augen an. Ihr Misstrauen begann zu schwinden. Nicht ganz, aber ein wenig. Sie legte die Pfanne auf die Arbeitsplatte unterhalb des Fensters. »Wollen Kaffee?«

»Gerne. Wenn Sie auch einen mittrinken.«

Sie öffnete eine der Schranktüren und holte zwei Tassen samt Untertellern hervor.

Dann schaltete sie den Wasserkocher ein.

»Entschuldigen.« Sie griff unter den Tisch und langte nach ihrer großen bunten Stofftasche. Daraus kramte sie eine kleine Dose hervor, öffnete sie und entnahm ihr mit einem kleinen Löffel dunkles Pulver, das sie auf die beiden Schalen verteilte.

Braunberger wunderte sich, warum sie nicht Kaffee aus der viereckigen Dose nahm, die neben den Teebehältern auf der Anrichte stand. Die junge Frau hatte seinen Blick bemerkt.

»Frau Ricarda nicht erlauben. Machen Kontrolle. Aber bitte glauben, meine Kaffee auch gut.« Daran wollte er nicht zweifeln. Und der erste Schluck bestätigte ihm: Das war sicher der beste Instantkaffee, den er seit Langem getrunken hatte.

Sie stellte zwei Gläser mit Wasser auf den Tisch und nahm ebenfalls Platz. Dann tauchte ihre rechte Hand wieder in die Tasche und kam mit einem flachen Plastikbehälter hervor. Sie klappte den Deckel auf.

»Bitte nehmen.« Er griff in die Dose und nahm einen der hellen Fladen heraus. Er roch daran. »Das hat ein feines Aroma. Das kenne ich nicht. Was ist das?«

Zum ersten Mal, seit er hier war, begannen ihre dunklen Augen zu strahlen.

»Das ist *Canjeero*. Aus meiner Heimat. Ich machen selber. Gelernt von meine ayeeyo … von meine Großmutter.«

Er kostete davon. Es schmeckte ähnlich wie eine mexikanische Tortilla, nur nicht nach Mais und Peperoncino, sondern nach Kardamom und Koriander.

»Wo kommen Sie her, Nadifa?«

Ein leichter Ruck ging durch ihren Oberkörper. Sie hatte sich auch einen der Fladen gegriffen. Sie schaute ihn an. Ein wenig von dem Misstrauen flackerte wieder auf.

Er nahm seelenruhig einen weiteren Schluck Kaffee und lobte erneut dessen Qualität.

»Ich war noch nie in Afrika. Und ich kenne mich auch nicht gut aus mit dem Leben auf diesem Kontinent, weiß wenig über die Geschichte und die Menschen.«

Sie nickte. Das unruhige Zucken in den Augen wurde schwächer. »Kommen aus Somalia. Region ist Name *Bai*. Ist in Süd von Land.«

»Lebt Ihre Großmutter noch dort?«

Sie schüttelte den Kopf. »Ayeeyo ist tot. Viele Jahre.« Ein Ausdruck von Trauer stahl sich in ihre dunklen Augen.

»Eltern, Geschwister?« Wieder sah sie ihn an. Ihr Blick fragte, warum er das wissen wollte. Das Misstrauen schwoll wieder an. Braunberger spürte eine wachsende Zuneigung gegenüber dieser jungen Afrikanerin. Er wollte die Frau nicht mit Fragen bedrängen. Er wusste natürlich von der schrecklichen Situation in Somalia, von den Hungerkatastrophen, den Seuchen. Er hatte Artikel darüber gelesen, Berichte im Fernsehen mitverfolgt. Aber das alles lag immer so fern. Und jetzt saß eine junge Frau aus dieser geplagten Region hier mit ihm in der Küche eines Salzburger Hauses und aß mit ihm *Canjeero*.

»Alle tot. Krieg. Verstehen?«

Er verstand.

»Groß geworden mit Großmutter. Sie arbeiten in … *dugsi* … verstehen?«

Er schüttelte den Kopf. Sie suchte nach den richtigen Worten. »Mit Kindern … lernen.«

»Sie war Lehrerin?«

Ihr Gesicht hellte auf. »Ja, Lehrerin in *dugsi*, Schule. Und sie war gut für … gesund.«

»Ärztin?«

»Nein.« Sie rückte die Kaffeetasse zur Seite. Dann begann sie, mit den Händen auf die Tischplatte zu klopfen. Sie wiegte ihren Oberkörper leicht hin und her, schloss die Augen und begann mit wohlklingender Stimme zu singen. Der Abteilungsinspektor verstand. »Sie war Schamanin?«

Nadifa hielt in ihrer Bewegung inne und nickte. Unvermittelt schossen ihr die Tränen in die Augen. Otmar Braunberger spürte tiefes Mitgefühl für die junge Afrikanerin.

Ohne Eltern, ohne Arbeitserlaubnis, Tausende Kilometer entfernt von ihrer Heimat, im kalten Salzburger Winter, allein in der Küche einer Frau, die ihr als Entgelt für ihre Putzarbeiten nicht einmal einen Kaffee gönnte. Er blickte auf die Uhr. Bereits dreiviertel elf. Die Dobaschko hatte ihn versetzt. Sein Groll gegen die Frau wuchs.

Er beugte sich vor und legte vorsichtig eine Hand auf die dunklen schmalen Finger der Somalierin.

»Was heißt in Ihrer Sprache *danke*?«

Sie wischte sich mit der freien Hand die Tränen aus den Augen. »*Mahadsanid*.«

»Dann sage ich jetzt *mahadsanid* zu Ihnen für *Canjeero* und Kaffee. Es war beides wunderbar.« Er stand auf und legte eine seiner Visitenkarten auf den Tisch.

»Richten Sie bitte Frau Ricarda aus, sie soll mich sofort anrufen, wenn sie heimkommt.« Die junge Somalierin nickte. Sie schoss aus dem Stuhl hoch und begann sich die Finger an der Schürze abzuwischen. Dann reichte sie ihm die Hand zum Abschied.

»Otmar?«

Er war gerade im Begriff, in den Wagen zu steigen, als er seinen Namen rufen hörte. Er drehte sich um. Mein Gott, durfte das wahr sein? Heidemarie Stegner? Seine Banknachbarin aus der Hauptschulzeit. Wann hatte er die zuletzt gesehen? Beim Klassentreffen vor zehn Jahren.

»Hallo, Heidemarie.«

Die Frau kam näher, umarmte ihn, drückte ihm einen Kuss auf die Wange, als hätten sie einander erst gestern zuletzt getroffen. »Was verschlägt dich in unsere Gegend? Ermittlungen?«

Er deutete auf das rote Haus. »Ich wollte Ricarda Dobaschko einen Besuch abstatten. Aber sie war nicht zu Hause. Dafür habe ich eine junge Frau aus Afrika kennengelernt.«

»Nadifa? Ist sie nicht eine entzückende Person? Und

dieser aufgetakelte Drache behandelt sie wie eine Sklavin, wie einen billigen Putzlappen.«

Otmar horchte auf. Da war wohl jemand nicht gut zu sprechen auf seine Nachbarin.

»Weißt du, was diese eingebildete Furie der armen Nadifa bezahlt? Vier Euro in der Stunde. Dafür würde meine gute Malwina nicht einmal den Staubsauger einschalten. Und zurecht. In der Vorwoche hat die Dobaschko der kleinen Somalierin noch die Hälfte des kümmerlichen Monatslohnes abgezogen, nur weil Nadifa eine Vase hinuntergefallen war. Ich habe sie gesehen, wie sie verheult die Straße hinunterlief. Ich bin ihr nach, aber sie wollte nichts sagen. Erzählt hat sie es mir erst gestern, als ich sie an der Busstation traf und behutsam auf sie einredete. So eine Person ist diese Dobaschko. Behandelt andere Menschen gerne wie Dreck. Nur damit du weißt, mit wem du es zu tun hast. Bist du hinter ihr her? Hat sie etwas ausgefressen? Sperrst du sie ein?«

Ihr Augen funkelten. Man sah deutlich, wie ihr der Gedanke behagte, ihre ungeliebte Nachbarin könnte hinter Gitter marschieren.

Er schüttelte den Kopf. »Nein, nur eine Befragung.«

»Hast du Zeit für einen Kaffee? Oder ein Glas Likör? Ein bisschen über die alten Zeiten tratschen?« Sie zwinkerte ihm verführerisch zu. Ihrer Figur nach zu schließen hatte Heidemarie in den letzten Jahren, seit er sie zuletzt gesehen hatte, einige Gläschen Likör zu sich genommen. Doch was er sah, gefiel ihm. Er musste an seine eigene Leibesfülle denken. Die hatte er sich allerdings mit Bier erarbeitet, nicht mit Likör. »Tut mir leid. Vielleicht ein anderes Mal. Ich muss zurück in die Dienststelle.«

Sie boxte ihn in die Seite. »Schelm! Das sagt ihr Männer immer. Nur um nicht mit einer einsamen Frau einen zwitschern zu müssen, während sie euch ihr Herz ausschüttet.«

Er legte die Hand auf die Brust. »Großes Indianerehrenwort, Heidemarie. Beim nächsten Mal läute ich an deiner Tür.« Sie sah ihn prüfend von der Seite her an, ob er es ehrlich meinte. »Dann gibt es auch ein Stück von meinem selbst gemachten Weihnachtsstollen.«

»Eine Frage könntest du mir noch beantworten.«

»Nur zu.«

»Womit verdient deine Nachbarin ihren Lebensunterhalt?«

»Mit Faulenzen und auf schicke-Dame-machen.«

Er verstand nicht, was sie meinte.

»Sie war früher einmal Model und Schauspielerin. Als Model ganz hübsch, als Schauspielerin eher drittklassig. Deshalb kriegt sie auch keine Jobs mehr. Gelegentlich einmal eine Nebenrolle in einer Fernsehwerbung. Ihr Vater war mäßig erfolgreicher Börsenmakler. Aber er hat ihr zumindest so viel hinterlassen, dass sie sich das Häuschen kaufen konnte. Hin und wieder schießt einer ihrer Liebhaber etwas zu. Doch die werden auch immer rarer.«

Er verbeugte sich. »Danke für die Auskunft. Das war wirklich knapp und präzise.« Sie lächelte ihn schelmisch an. »Jederzeit. Ich bin reich an Talenten. Du kannst gerne auch andere meiner Qualitäten ausprobieren.«

Auf der Rückfahrt blieb er an einem kleinen Adventmarkt nahe der Gnigler Kirche stehen. Er sah sich um.

Obwohl es schon Mitte Dezember war, boten die Standlerinnen immer noch einige Adventskränze an. Dazu selbst gemachte Kräutertees, Kerzen, Holzspielzeug, Puppen, Gestecke. Er wählte eine der Puppen, die aus Stoffresten zusammengenäht waren. Kleine rote Filzflecken markierten die pausbackigen Wangen. Die Zöpfe waren aus hellem Bast gewunden. Dann entschied er sich auch noch für einen weihnachtlichen Türkranz mit weißen Maschen und eleganten Silberengeln. Den wollte er seiner Kollegin Carola Salman vorbeibringen. Er hatte bei seinem letzten Besuch bemerkt, dass der Sturm, der vor vier Tagen mit mächtigen Böen durch Salzburg gefegt war, den alten Türkranz aus Stroh heftig zerzaust hatte.

Carola öffnete auf sein Läuten und blickte ihn erstaunt an. »Otmar?«

Hedwig hatte sich hinter ihren Beinen versteckt. Als sie den Besucher erkannte, schob sie ihre Mutter zur Seite, trippelte vor, legte ihre Arme um Otmar und drückte ihr Gesicht gegen seinen Bauch. Dann schaute sie auf. »Torte?«

Er ging in die Knie. »Nein, Hedwig, heute habe ich keine Torte für dich, aber dafür das hier.« Er öffnete die Leinentasche und zog die Puppe hervor. Die Kleine nahm sie und drückte sie an sich. Dann legte sie ihre Lippen auf das Gesicht der Puppe und schmatzte laut.

»Die Puppe braucht noch einen Namen.« Hedwig lief ins Innere, drehte sich noch einmal um, hob die Puppe empor und rief: »Otmar.«

Der Abteilungsinspektor lachte. Gut, warum sollte eine Puppe, die eine entfernte Ähnlichkeit mit Pippi

Langstrumpf hatte, nicht Otmar heißen. Er reichte Carola den Türkranz. »Habe ich zufällig gefunden.«

»Das ist sehr lieb von dir. Ich werde ihn dann gleich gegen den alten austauschen. Magst du hereinkommen? Ich bin gerade mit Hedwig beim Keksbacken. Die Mürbteig-Vierecke mit Schokoladeüberzug sind schon fertig.«

Braunberger wehrte ab. »Danke, Carola, sei mir bitte nicht böse. Aber von Keksen habe ich im Augenblick genug.«

Sie schaute ihn mit leicht besorgter Miene an. »Ja, ich habe das mitbekommen. Üble Sache. Brauchst du Hilfe? Ich kann auf der Stelle meinen Urlaub unterbrechen. Noch dazu, wo Martin in Wien ist.«

Er schüttelte den Kopf. »Kein Problem, ich komme schon klar. Ich weiß ja noch nicht einmal, ob wir hier tatsächlich einen Kriminalfall haben.«

In diesem Augenblick läutete sein Handy. Am anderen Ende der Verbindung war Magda Anzengruber, die Toxikologie-Expertin des Polizeilabors. Er hörte ihr zu. Dann wusste er Bescheid. Jetzt hatte er einen Fall. Und keinen einfachen. »Danke, Magda, ich bin in einer halben Stunde bei dir.«

»*Kermesbeere*? Nie gehört. Wo gibt es die?«

»Überall. Die Pflanzen sind gar nicht so selten, nahezu weltweit verbreitet. Aber als heimische Gartengewächse gehören sie doch eher zu den nicht ganz alltäglichen Sorten.«

Doktor Magda Anzengruber öffnete eine Datei an ihrem Laptop und drehte den Screen in Richtung Braunberger. Das Bild zeigte grüne Blätter und Stengel mit kleinen dunklen Früchten, brombeerartig, die eine längliche, nach oben gezogene Knolle bildeten. *Kermesbeere. Phytolacca* las er. »Und die sind giftig?« Er blickte vom Bildschirm hoch.

Die Wissenschaftlerin schob ihre Brille nach oben und platzierte sie auf ihren kurz geschorenen grauen Haaren. »Das ist, wie so oft in der Wissenschaft, relativ. *Alle Dinge sind Gift, und nichts ist ohne Gift. Allein die Dosis macht es aus …* wie der gute alte Paracelsus schon sehr klug zu sagen wusste.«

Sie zog sich einen Bürostuhl heran und setzte sich darauf. »Die *Kermesbeere* ist eine interessante Pflanze. In der Homöopathie verwendet man Extrakte aus der Wurzel in unvorstellbar geringen Mengen als Heilmittel bei Grippe, Angina oder Gelenksrheumatismus. Der Saft der Beeren gibt einen wunderbar dunklen Farbton, den die nordamerikanischen Indianer oft zum Einfärben von Korbwaren benutzten. In Frankreich wurde der Beerensaft früher sogar dem Rotwein beigemischt, um einen edleren Farbton zu erzielen. Diese verkaufsfördernde Methode war aber nicht unbedingt gesundheitsfreundlich. Denn die gesamte Pflanze, vor allem aber Wurzeln und Samen, enthalten *Triterpensaponine*. Und die sind für Säugetiere giftig.«

»Wie giftig? Ab welcher Menge?«

»Das hängt vom jeweiligen Organismus ab. Die *Kermesbeere* wurde, wie etwa auch *Kupfersulfat* oder *Alaun*, schon im Mittelalter als *Emetikum* benutzt …«

»Emetikum?«

»… als Brechmittel. Dabei ging es nicht um den

Schlankheitswahn junger Mädchen, sondern um die rasche Rückbeförderung des Verspeisten bei Verdacht von Vergiftungen. *Kupfersulfat* wirkt sehr schnell. Die *Kermesbeere* um einiges langsamer.«

Die Wissenschaftlerin langte nach einer Glasschale, in der Reste von Backwerk zu erkennen waren, Teigkrumen und Ananasstücke.

»In den anderen beiden Weihnachtskonfekt-Kreationen habe ich nichts gefunden. Spuren von Kermesbeerenwurzel konnte ich nur in den sogenannten *Schneeköniginnen-Weihnachtskronen* feststellen. Und da auch nur in zwei.«

»Nur in zwei? Eine hat der unglückselige Operettenstar bekommen. Und wer hatte noch dieses Gift in seiner Konfekt-Krone?«

Sie schaute auf eine Liste. »Du.«

»Ich?«

»Ja, mein Lieber. Sei froh, dass du nur einen kleinen Zacken des Konfekts abgeknabbert hast und nicht weiter gekommen bist. Die Kermesbeeren-Extrakte waren als winzige Splitter unterhalb der Ananasstücke deponiert und sehr geschickt mit dem Saft der Früchte und den Gewürzen vermischt.«

»Wäre mir der Geschmack der sonderbaren Wurzel nicht aufgefallen?«

Sie schüttelte den Kopf. Ihre hochgeschobene Brille verrutschte. »Vermutlich nicht. Das Ingwer-Aroma war sehr dominierend.«

»Und was wäre passiert, wenn ich die ganze *Schneeköniginnen-Weihnachtskrone* verspeist hätte?«

»Vermutlich nicht viel. Die Menge war nicht sehr hoch.

Dir wäre wohl nach einer guten halben Stunde schlecht geworden. Du hättest die Toilette aufgesucht und das Ganze rausgekotzt. Das wär's dann gewesen.«

»Keine Nachwirkungen?«

»Keine besonderen. Ein paar Stunden leichte Übelkeit. Ein kleiner Kamillentee hätte deinen Magen beruhigt. Und am nächsten Tag hättest du schon wieder Vanillekipferl und Zimtsterne in dich hineinmampfen können.«

Braunberger dachte nach. »Mir wäre also nicht viel passiert. Und jedem anderen auch nicht. Nur der arme Fabian Wenzel hatte Pech. Der war offenbar allergisch auf die komische Wurzel. So ist es doch?«

»Vermutlich. Ich habe vorhin mit dem behandelnden Arzt im Krankenhaus telefoniert und ihm von meinen Ergebnissen berichtet. Er teilt meine Ansicht. Exakt kann man die mögliche Beeinträchtigung erst nach einem Allergietest feststellen.«

»Man könnte auch ganz einfach den Patienten danach fragen.«

»Da wirst du warten müssen, lieber Otmar, bis der Operettenstar wieder ansprechbar ist. Das wird noch etwas dauern, wie ich hörte. Und auch dann wird die Befragung vielleicht nicht viel bringen. *Kermesbeeren* sind nicht so alltäglich wie Birkenpollen oder Hausstaub. Viele Menschen wissen gar nicht, dass sie gegen bestimmte Stoffe allergisch sind. Eine Freundin von mir wäre vor zwei Jahren fast verreckt, weil sie zum ersten Mal in ihrem Leben in einem noblen Restaurant Weinbergschnecken verspeist hat. Danach bekam sie akute Atembeschwerden und Schwellungen an der Grenze zu einem anaphylaktischen Schock. Sie hat es Gott sei Dank überlebt. Und seitdem weiß sie, dass ihr Organismus auf Weinbergschnecken allergisch reagiert. Also, es kann zwar sein, dass Fabian Wenzel über seine Allergieprobleme bei *Kermesbeeren* tatsächlich Bescheid weiß, es muss aber nicht sein.« Braunberger stand auf. »Die Frage, die ich mir stelle, lautet: Wenn seine Allergie doch bekannt war, wer wusste noch davon?«

Um 14 Uhr traf er sich mit den fünf Mitarbeitern, die ihn bei der Ermittlung unterstützten, im Besprechungsraum der Bundespolizeidirektion. Vier Männer und eine Frau schauten ihn erwartungsvoll an. Braunberger kam sich ein wenig unbeholfen in seiner Rolle vor, wie er da neben der großen Ermittlungstafel aus Plexiglas stand und in die Runde blickte. Das war normalerweise die Position des Abteilungsleiters Kommissar Martin Merana. Nun befand sich also er auf diesem Platz.

Zuerst informierte er die Kollegin und die vier Kollegen über sein Gespräch mit der Toxikologin. Dann galt es abzuchecken: Wer könnte welches Motiv haben, den Giftstoff im Weihnachtskonfekt zu verstecken? Wer hatte die Gelegenheit dazu? Und war der Anschlag auf den Operettensänger eine gezielte Attacke gegen dessen Person, oder handelte es sich um einen Zufall?

»Eine der beiden Finalistinnen könnte auf diese Weise eine unliebsame Konkurrentin aus dem Rennen nehmen.« Die Bemerkung kam von Revierinspektor Boris Pirka, dem jüngsten Beamten im Raum.

Gruppeninspektorin Dorothea Fleißner, die vom EB7, dem *Ermittlungsbereich Umweltkriminalität* abgestellt worden war, schüttelte den Kopf. »Möglich, aber meines Erachtens nicht sehr wahrscheinlich. Wenn dadurch die Show abgebrochen wird, haben auch die beiden anderen nichts davon.«

»Und wenn es gar nicht um den Wettbewerb ging, sondern um ein ganz anderes Motiv?« Der junge Beamte ließ nicht locker.

Braunberger schrieb die Namen der Finalistinnen auf die Tafel. »Wir wollen keine Möglichkeit auslassen. Wir überprüfen den Hintergrund der drei Damen und checken, ob es eine persönliche Verbindung zwischen den Finalistinnen gibt.«

Nun meldete sich Vinzenz Baldinger, der vom *Ermittlungsbereich Raub* kam.

»Eine Mitkonkurrentin könnte auch darauf gesetzt haben, dass diese *Kermesbeere* ohnehin sehr langsam wirkt. Aber die Beigabe des Stoffes in geringer Menge hätte zumindest den Geschmack verändert. Dann würde die Dobaschko vielleicht weniger Punkte erhalten.«

Wieder war es Dorothea Fleißner, die auf den Einwand reagierte. »Aber dann wäre es doch logisch, das Gift in allen *Schneeköniginnen-Weihnachtskronen* zu deponieren, nicht nur in zwei.«

Otmar Braunberger mischte sich wieder ein. »Womit wir bei der Frage wären: War es geplant oder zufällig, dass ausgerechnet Fabian Wenzel und ich die manipulierten Konfekte erhielten?« Er schilderte den Kollegen noch einmal seine Beobachtung.

»Finalistin Marianne Hauer hatte sich bereit gemacht, zu servieren. Aber Ricarda Dobaschko war der Bäuerin aus Mattsee zuvorgekommen. Sie hatte als erste nach zwei der Teller gegriffen und war dann direkt auf Fabian Wenzel zugesteuert. Ihm die vergiftete Süßspeise vorzusetzen konnte also geplant gewesen sein. Auf die Zuteilung meiner Portion hatte die Dobaschko keinen Einfluss. Ich bekam das Tablett nicht von ihr.«

Er notierte den Vorgang der Tellerverteilung auf der Tafel, zog Linien zwischen den Namen der Finalistinnen und jenen der Jurymitglieder.

»Es gilt, Folgendes zu überprüfen: War der Ablauf der Zuteilung in der dritten Runde von der Redaktion vorher festgelegt worden? Wenn ja, wurde der Plan eingehalten oder gab es Abweichungen? Wie war das Procedere hinter der Bühne? Wo standen die Kekse und die Konfektproben? Hatte noch jemand, außer den drei Finalistinnen, die Möglichkeit, das Gift zu deponieren? Bitte überprüft alle Beteiligten, die sich während der Show andauernd oder zumindest gelegentlich hinter der Bühne aufhielten. Das ist eine Menge Arbeit.«

Die Kollegen im Raum nickten. Die Gruppeninspektorin raffte ihre Unterlagen zusammen und lächelte. »Unser allseits geliebter Chef würde wohl sagen:

Arbeit schändet nicht, wohl schändet dich aber die Faulheit.«

Die anderen stimmten ins Lachen mit ein.

»Na dann«, fügte der junge Kollege Pirka hinzu, »lasst uns fleißig sein!«

Gegen 17 Uhr erreichte Otmar Braunberger der Anruf von Ricarda Dobaschko. Sie spielte die völlig aufgelöste, aufgrund des schrecklichen Vorfalles nervlich ruinierte Zartbesaitete, die unbedingt heute Vormittag ihren Therapeuten aufsuchen musste und dadurch den vereinbarten Termin mit dem Herrn Ermittlungsleiter völlig verschwitzt hatte. »Sie müssen mir glauben, Herr Kommissar, ich bin sonst die Zuverlässigkeit in Person. Das wird Ihnen jeder, der mich kennt, bestätigen. Ich bin sicher, dass ich mich auch bald wieder in besserer Verfassung befinde und somit in zwei oder drei Tagen gerne zur Verfügung stehe.«

Braunberger wies sie darauf hin, dass er nicht Kommissar, sondern nur Abteilungsinspektor sei und dass er auf einem Gespräch noch heute Abend bestehe. Er könne sie auch gerne vorladen lassen. Die Zimmer in der Bundespolizeidirektion seien mit harten, aber nicht gesundheitsschädlichen Stühlen ausgestattet, auf denen man auch längere Vernehmungen ganz gut durchhalte.

Sie zog dann doch eine Begegnung in ihrem eigenen Haus vor, falls der Herr Abteilungsinspektor noch einmal die Freundlichkeit habe, sich herzubemühen.

Und so stand Otmar Braunberger drei Stunden später zum zweiten Mal an diesem Tag vor dem kleinen roten Haus in der Nachtigallenstraße. Er hatte kaum den Finger von der Klingel genommen, als auch schon die Tür geöffnet wurde. Ricarda Dobaschko stand vor ihm, in einem hellgrauen Hosenanzug mit dunkler Kette um den Hals und einem übertriebenen Lächeln im geschminkten Gesicht.

»Bitte herein in die gute Stube.«

Sie führte ihn nicht in die Küche, sondern bot ihm einen bequemen Ledersessel im Wohnzimmer an. Sie selbst nahm auf der Couch Platz.

»Darf ich Ihnen etwas anbieten, Herr Abteilungsinspektor? Tee, Kaffee, ein Glas Wein?«

Aha, mir würde sie sogar Wein aufwarten, dachte Braunberger, und dem armen afrikanischen Mädchen gönnt sie nicht einmal einen Kaffee. Er lehnte dankend ab.

»Wissen Sie, wie es dem bedauernswerten Fabian Wenzel geht? Und warum er diesen schrecklichen Anfall hatte? Ich war heute nach meiner Therapie in der Klinik. Aber man hat mich nicht vorgelassen.«

Er betrachtete ihr Gesicht. Das Make-up saß perfekt. Die Hautpartien an den Wangen und im Kinnbereich waren auffallend gestrafft.

»Kennen Sie Fabian Wenzel persönlich?«

»Kennen? Naja, wie soll ich sagen, flüchtig.« Sie stand auf, nahm von der kleinen Bar in der Ecke neben dem großen TV-Flatscreen eine Wodkaflasche und ein Glas. »Sie erlauben doch, dass ich mir selber einschenke, wenn ich Ihnen schon nichts anbieten darf.« Sie goss sich das Glas halb voll und leerte es in einem Zug. Dann füllte sie nach. »Wie man halt einen Kollegen kennt, mit dem man eine Saison lang am selben Haus engagiert war.«

»Wann und wo war das?«

»Lassen Sie mich nachdenken. Vor zehn oder zwölf Jahren in Innsbruck am Landestheater. Er war für den *Vogelhändler* verpflichtet, sang den *Adam*. Ich hatte eine kleine Gastrolle in einer Komödie.«

»Haben Sie seitdem Kontakt gehalten? Herr Wenzel ist seit drei Jahren in Salzburg am Landestheater. Sie wohnen auch hier. Da ist ein Treffen unter ehemaligen Kollegen wohl naheliegend.«

Sie griff zum Wodkaglas. Wieder kippte sie den Inhalt in einem Zug hinunter. Dann schenkte sie nach.

»Nein. Es gab bisher keine Begegnung. Das Engagement in Innsbruck ist auch schon sehr lange her.«

Sie griff an ihre Brust und spielte mit den dunklen Steinen der Kette.

»Mir schien, dass Sie auffallend lange mit dem Tablett vor Fabian Wenzel standen. Er hat sie kaum angesehen. Gibt es dafür einen bestimmten Grund?«

Sie verzog den Mund. »Nein. Nicht, dass ich wüsste.« Dann das gewohnte Procedere. Halb volles Glas an die geschminkten Lippen. Kopf leicht zurück. Austrinken. Nachschenken.

»In der Schneeköniginnen-Weihnachtskrone, die Herr Wenzel bekam, war eine giftige Substanz.«

»Gift?« Sie starrte ihn an, die Wodkaflasche in der Hand. »Welches Gift?«

»Sagen Sie es mir.«

»Aber ich habe doch damit nichts zu tun!« Das Entsetzen in ihrem Blick nahm zu. War das echt? Oder spielte sie ihm etwas vor? Erinnerte sie sich an ihre Schauspielausbildung? *So, wir üben jetzt alle den überzeugenden Ausdruck des Entsetzens ... sehr gut, Frau Dobaschko, gut machen Sie das!*

»Es war das Gift der *Kermesbeere*. Genau wie in meiner Portion.«

»In Ihrer auch?« Sie hatte ihn die ganze Zeit mit weit aufgerissenen Augen angesehen. Dann fiel ihr auf, dass sie immer noch die Wodkaflasche in der Hand hielt. Sie stellte sie zurück auf den Tisch, ohne sich einzugießen.

»Welche Erklärung haben Sie dafür, dass Gift in die beiden Portionen gekommen ist?«

»Keine Ahnung. Ich kann mir das überhaupt nicht

vorstellen.« Sie zögerte, ob sie wieder zur Flasche greifen sollte, ließ es aber bleiben. »Vielleicht war es diese Bohnenstange in dem schrecklich geschmacklosen Blazer, diese Helga Zupfer. Die hat mich schon bei der Begrüßung dauernd angefunkelt. Der traue ich alles zu.«

»Kennen Sie die Dame?«

»Nein, ich habe beide Frauen an dem Tag zum ersten Mal gesehen.«

Das konnte stimmen oder auch nicht. Die Kollegen waren ohnehin dabei, eine mögliche Verbindung zwischen den drei Finalistinnen zu überprüfen.

Er wechselte das Thema.

»Eine sehr sympathische Putzfrau haben Sie. Ich habe sie heute Vormittag kennengelernt.«

Sie sah ihn irritiert an. In ihre Augen, die vom Wodkagenuss schon ein wenig glasig wirkten, schlich sich ein Ausdruck von Wachsamkeit.

»Wissen Sie, Herr Abteilungsinspektor, das ist eigentlich gar nicht so richtig meine Putzfrau … ich meine, sie hilft manchmal ein wenig im Haushalt mit. Als Ausgleich dafür, dass ich ihr ordentliches Deutsch beibringe.«

Er betrachtete wieder eingehend ihr Gesicht. Wachsamkeit und Irritation in ihren Augen wuchsen.

»Das sieht Ihre Nachbarin Heidemarie Stegner aber anders. Laut deren Beobachtung arbeitet Nadifa hier regelmäßig als Putzfrau gegen, wenn auch sehr mäßige, Bezahlung.«

Die Frau stieß einen Zischlaut aus, als übe sie Konversation mit einer Mamba.

»Die soll sich nicht das Maul zerreißen, die Stegner.

Über die könnte ich Ihnen auch eine Menge Geschichten erzählen. Wissen Sie, dass die heimlich säuft?«

Über Heidemaries Hang zum Likör wollte der Abteilungsinspektor jetzt nichts hören. Es war ihm daran gelegen, die Frau, die ihm gegenübersaß, noch ein wenig in die Enge zu treiben.

»Wie oft kommt Nadifa zu Ihnen?«

»Zweimal die Woche. Montag und Donnerstag.«

»Aber ich habe sie heute angetroffen, und heute ist Freitag.«

Sie schüttelte unwirsch ihre blondierten Haare.

»Gestern wollte ich sie nicht hier haben. Da brauchte ich Ruhe, um mich auf die Show vorzubereiten.«

Sollte er ihr noch weiter zusetzen? Ihr auf den Kopf zu sagen, dass sie die junge Frau schamlos ausbeutete? Ihr mit einer Anzeige drohen, weil sie Nadifa ohne Anmeldung in ihrem Haushalt arbeiten ließ? Nein. Er wollte auch nicht die junge Somalierin gefährden, die mit großer Wahrscheinlichkeit illegal in Österreich war. Sein Blick fiel auf die Tür zur Terrasse. Dahinter lag der verschneite Garten.

»Mir ist schon heute Vormittag aufgefallen, dass Sie viele Sträucher in Ihrem Garten haben. Sind da vielleicht auch *Kermesbeeren* darunter?«

Sie schaute ihn an. Jetzt war nicht mehr Entsetzen in ihrem Blick, auch nicht Zorn. Nun zeigte sich aufsteigende Unruhe.

»Weiß ich nicht, kann sein. Die Pflanzen sind noch vom Vorbesitzer. Mir ist Gartenarbeit zuwider. Darum kümmert sich ein Pensionist aus der *Fichtlmühlstraße*. Den müssen Sie fragen.«

Das würden sie garantiert machen. Der Abteilungsinspektor ließ sich Namen und Adresse des Mannes geben, verabschiedete sich und verließ das Haus.

Am nächsten Tag rief ihn in aller Früh seine Schwester an. Er hatte mit Gudrun immer noch nicht vereinbart, wie sie heuer den Heiligen Abend miteinander verbringen würden.

»Ich war in den letzten Jahren immer bei euch am Attersee. Was hältst du davon, wenn ihr heuer zu mir in die Stadt kommt? Wir könnten am Nachmittag noch auf den Christkindlmarkt gehen oder ein Weihnachtskonzert besuchen. Das würde wohl auch Herbert gut gefallen. Gegen 20 Uhr machen wir Bescherung, und ich sorge für ein tolles Abendessen.«

Sie war einverstanden. »Es kann sein, dass Chiara mitkommt.« Chiara war Braunbergers 23-jährige Nichte, die in Berlin studierte.

»Ist mir sehr recht. Mein Esstisch ist groß genug. Würde mich freuen, die Kleine wieder einmal zu sehen.«

Kaum hatte er das Gespräch beendet, schlug das Handy erneut an. Dieses Mal war es Martin Merana.

»Hallo, Otmar, wie geht es dem besten ›Fährtenhund‹ in meinem Team?« Diese etwas flapsige Auszeichnung hätte der Abteilungsinspektor von keinem anderen akzeptiert. Aber er wusste, dass sich hinter Meranas Bemerkung die respektvolle Anerkennung von Braunbergers Ermittlungsmethoden verbarg. Er ging oft ungewöhnliche Wege. Und seine Art, unbeirrt Spuren zu verfolgen, war von hartnäckiger Beharrlichkeit geprägt. Aber genau damit hatte er meistens Erfolg.

»Danke, großer Häuptling. Wir schnüffeln fleißig herum.« Er gab ihm einen knappen Überblick des bisherigen Ermittlungsstandes.

»Was machen die Medien? Rücken dir die Presseleute an den Leib? *Backblech-Otmar ermittelt wieder …*?« Ein dröhnendes Lachen entfuhr ihm.

»Nein, Martin, ich bin ihnen bislang entwischt. Ich habe den Chef vorgeschoben. Der Herr Hofrat gibt ohnehin viel lieber Interviews als ich.«

Die Ermittlungen der Kollegen brachten erste Resultate. In der Redaktion des *Star-Express* munkelte man hinter gar nicht vorgehaltener Hand, dass die hochgewachsene Frau Zupfer, Spezialistin für Honiglebkuchen, ein Verhältnis mit dem Marketingleiter der Zeitung habe und es nur deswegen bis ins Finale geschafft hatte. »Der ist jedes Mittel recht, um ans Ziel zu kommen!«, hatte eine Sekretärin aus der Annoncenabteilung betont. Sie war die Vorgängerin im Bett des Marketingchefs.

Eine Frau, der angeblich *jedes Mittel recht war*, konnte natürlich auch zum Gift der *Kermesbeere* greifen. Aber der Abteilungsinspektor wollte den Hinweis eher in der Kategorie *Klatsch und böse Verleumdung* ablegen. Viel interessanter erschien ihm schon eine andere Information, die von Gruppeninspektorin Dorothea Fleißner recherchiert worden war. Die Begegnung von Ricarda Dobaschko und Fabian Wenzel im Innsbrucker Landestheater war mehr gewesen als nur die flüchtige Bekanntschaft während einer Spielsaison. Die beiden hatten ein Verhältnis gehabt.

Und wie sich der langjährige Inspizient des Hauses

erinnern konnte, hatte es auch einen handfesten Skandal gegeben. Welcher Art, daran konnte der Mann sich nicht mehr erinnern.

»Danke, Frau Kollegin, sehr gute Arbeit.« Braunberger erhob sich von seinem Stuhl und unterstrich an der Ermittlungstafel die Namen *Ricarda Dobaschko* und *Fabian Wenzel.* »Wir werden die Schauspielerin befragen, was das für ein Skandal war.

Die Gute hat mich angeflunkert. Und das habe ich gar nicht gern.«

Er kehrte zurück an seinen Platz. Im Besprechungszimmer waren nur die Gruppeninspektorin und der Kollege vom *Raub*. Die anderen waren noch unterwegs. »Ich kümmere mich um die Dobaschko. Ihr macht bitte weiter.«

Während der Autofahrt rief er sich noch einmal die Szene während der Show in Erinnerung. Die Dobaschko war tatsächlich der Bäuerin zuvorgekommen. Wie sie inzwischen erfahren hatten, war der Ablauf der Konfektpräsentation in der dritten Runde vorher exakt festgelegt worden. Und gemäß dieser Vorgabe wäre die Schauspielerin erst als Zweite an der Reihe gewesen. Hatte sie sich also vorgedrängt, weil sie genau wusste, auf welchem Tablett das Konfekt mit dem Gift lag, das sie Fabian Wenzel unterjubeln wollte? Rache für eine unglückliche Liebesaffaire? Die zweite Portion mit Gift, die er abbekommen hatte, war nur Ablenkung gewesen.

Als er an der Ampel vor dem Justizgebäude hielt, erreichte ihn der Anruf. Und der brachte eine mögliche neue Wendung in den Fall.

»Hallo, Otmar.« Er erkannte die Stimme von Revierinspektor Boris Pirka. »Ich sitze hier in einem Besprechungsraum von *Salzach-TV* einer völlig verheulten jungen Dame gegenüber. Ihr Name ist Lea Herbst. Vielleicht ist es besser, wenn du herkommst.« Braunberger erinnerte sich an den mürrischen, desinteressierten Blick der Assistentin mit der Applaustafel während der Show. Er war gespannt, was der junge Kollege herausgefunden hatte. Er nahm nicht wie geplant den Weg über die *Karolinenbrücke*, der ihn zu Ricarda Dobaschko gebracht hätte, sondern bog nach dem Kreisverkehr in Richtung *Nonntal* ab und erreichte 20 Minuten später das Gebäude des Fernsehsenders im Stadtteil *Maxglan*.

Anfangs gab sich Lea Herbst bockig. Sie würde kein Wort mehr sagen ohne ihren Anwalt. Sie kenne ihre Rechte. Ihr Vater sei auch nicht ohne Einfluss. Ja, sie war am Tag der Show aufgebracht. Sie habe in der Kantine beim Mittagessen gesagt, eines Tages würde sie es diesem beschissenen Sender heimzahlen. Und ja, sie habe sich während der Livesendung hinter der Bühne über die Tabletts mit den Konfekten gebeugt, was dieser Idiot von Lichttechniker mitbekommen hatte. Aber sie habe nichts anderes gemacht, als ein Ananasstück zu stibitzen.

»Warum wollen Sie es dem Sender heimzahlen?«

»Weil dieser Arsch von Senderchef sein Wort gebrochen hat. Er hat mir eine fixe Anstellung zum Jahreswechsel versprochen, und dann bekomme ich das da!« Sie griff in die Tasche ihrer Jacke und knallte einen zerknüllten Brief auf den Tisch. »Beendigung des provisorischen Arbeitsverhältnisses mit Ende Jänner! Ich könnte diesen Kerl umbringen!« Sie erschrak, als ihr bewusst wurde, was sie eben gesagt hatte. »Ich meine, ich bin stinkwütend. Das mit dem Umbringen ist eh nur eine Floskel … und mit dieser anderen Sache habe ich rein gar nichts zu tun.«

Sie gab dem zerknitterten Stück Papier mit der Hand einen Stoß, sodass es in hohem Bogen auf den Boden segelte. Braunberger bückte sich und legte den Brief zurück auf den Tisch.

»Kennen Sie sich aus mit Giften?«

»Nein!«

Der junge Kollege mischte sich ein. »Liebe Frau Herbst, bleiben Sie bei der Wahrheit.« Er blickte kurz auf seine Unterlagen. »Sie kommen aus einer Apothekerfamilie!«

»Na und? Das beweist gar nichts.«

Mehr war aus ihr nicht mehr herauszuholen. Sie blieb bei ihrer Version. Sie hatte ein einziges Fruchtstück entwendet. Das war es.

Es dämmerte bereits, und leichter Schneefall setzte ein, als der Abteilungsinspektor sein Auto in der *Nachtigallenstraße* parkte. Zuvor hatte er noch einen Anruf aus dem Krankenhaus erhalten. Fabian Wenzel sei endgültig über den Berg. Er zeige auch schon wieder Appetit und sei ansprechbar. Braunberger bedankte sich. Das war endlich eine gute Nachricht. Die Schauspielerin war überrascht. Er hatte seinen Besuch nicht angekündigt. An einem der Fenster des Nachbarhauses war ein Gesicht zu erkennen. Heidemarie Stegner beobachtete ganz genau die Vorgänge in ihrer Umgebung.

Sie bot ihm wieder den Ledersessel im Wohnzimmer an. Dieses Mal akzeptierte er ein Glas Wasser. Sie selbst hatte sich einen Kaffee bereitet.

»Frau Dobaschko, warum haben Sie an dieser Show teilgenommen?«

»Na, um den Wettbewerb zu gewinnen.«

Er schüttelte den Kopf, fixierte ihre Augen.

»Das nehme ich Ihnen nicht ab. Sie sind für mich nicht der Typ, der sich mit Bäuerinnen und biederen Hausfrauen um die Krone einer Kekserlkönigin matcht. Ich glaube, Sie haben mitgemacht, weil Sie erfahren hatten, dass Fabian Wenzel in der Jury sitzen würde.« Sie wollte protestieren, aber er ließ sie nicht zu Wort kommen. »Derselbe Fabian Wenzel, mit dem Sie vor 15 Jahren am Innsbrucker Landestheater eine Affaire hatten, die in einem Skandal endete. Sind Sie tatsächlich so naiv, anzunehmen, das würden wir nicht herausfinden? Und jetzt sagen Sie endlich die Wahrheit. Sonst nehme ich Sie mit und stecke Sie für diese Nacht in eine Zelle. Und wenn der Untersuchungsrichter gnädig ist, dann bekommen Sie vielleicht noch vor Weihnachten einen Termin.« Wenn Otmar Braunberger einmal in Fahrt war, dann nahm er es nicht so genau mit juristischen Spitzfindigkeiten wie Einschätzung der Indizienlage durch den Staatsanwalt, Prüfung von Anklagegründen und ähnlichen Kleinigkeiten. Aber die Drohung hatte ihren Zweck erfüllt. Die ehemalige Schauspielerin brach zusammen, Tränen schossen ihr plötzlich aus den Augen. Und dann legte sie los. Ja, sie wollte es diesem Scheißkerl schon lange heimzahlen, aber sie hatte nie gewusst, wie. Und jetzt bot sich diese Gelegenheit. Sie hatte keinen exakten Plan, aber sie wollte seine Augen sehen, wenn sie plötzlich aus der Versenkung auftauchte und ihm gegenüberstand. Dieser idiotische Kekserlfeewettbewerb war ihr völlig schnuppe. Aber sie hatte sich mächtig ins Zeug gelegt, um ins Finale zu kommen. Sie hatte sogar eine ehemalige Köchin, die Ehefrau ihres Gärtners, mit Geld geködert, für sie Backwaren herzustellen.

»Wann haben Sie denn die Kekse für den Finalwettbewerb gebacken?«

»Am selben Tag. Alles sollte frisch sein.«

»Zusammen mit der Köchin?«

»Ja, sie war hier bei mir in der Küche. Ich habe sie abgeholt und wieder heimgefahren, weil sie schlecht bei Fuß ist.«

»Und als Sie wieder allein waren, haben Sie überlegt, wie Sie Fabian Wenzel eins auswischen könnten, und sind auf die Idee mit der *Kermesbeere* gekommen.«

»Nein! Ich habe doch überhaupt keine Ahnung von diesem Giftzeug! Das war jemand anderer. Wahrscheinlich diese Bohnenstange im gelben Blazer.«

Oder die wütende Applaustafelassistentin mit dem Entlassungsbrief, setzte Braunberger in Gedanken hinzu.

»Wissen Sie, dass Fabian Wenzel auf *Kermesbeeren* allergisch reagiert?«

Sie stierte ihn an. Ihr Gesicht, das vor vielen Jahren sicher einmal hübsch gewesen und jetzt vom vielen Wodkakonsum ein wenig aufgedunsen war, wirkte im matten Schein der Stehlampe alt und hässlich.

»Nein! Das weiß ich nicht. Woher auch? Und jetzt lassen Sie mich in Ruhe. Ich sage kein Wort mehr ohne meinen Anwalt.«

Diesen Satz hatte der Abteilungsinspektor heute schon einmal gehört.

»Was hat Ihnen Fabian Wenzel damals angetan in Innsbruck?«

Eine Spur von Leben kam in ihre Augen. Ihr Gesichtsausdruck sprühte vor Verächtlichkeit. Es hätte den Abteilungsinspektor nicht verwundert, hätte sie vor Abscheu auf den Tisch gespuckt.

»Dieses Scheusal hat mich betrogen. Zuerst die große Liebe vorgegaukelt und dann hat er es hinter meinem Rücken mit allen getrieben, die er flachlegen konnte. Von der kleinsten Chorsängerin bis zu dieser Koloratur-Schlampe.«

»Hat die Dame auch einen Namen?«

Sie beachtete ihn nicht mehr. Ihre Augen wurden glasig, der Blick ging ins Leere. Dann stand sie abrupt auf. Sie holte den Wodka von der Bar und ein großes Glas. Sie hielt kurz inne, stellte das Glas wieder zurück und setzte die Flasche an ihre Lippen. Sie trank in gierigen großen Schlucken. Gleichzeitig rannen ihr die Tränen über die Wangen.

Sie würde ihm heute nichts mehr sagen. Sie würde so lange Schnaps in sich hineinschütten, bis ihr Schmerz sich in Bewusstlosigkeit auflöste.

Er erhob sich. Er stand hier im Wohnzimmer der Schauspielerin und zugleich an einer Mauer. Er wusste nicht weiter. Spielte sie ihm nur die Ahnungslose vor? Kannte sie doch die Wirkung von *Kermesbeeren*? Wusste sie sogar von Wenzels Allergie? Oder war doch etwas dran an dem Gerücht, dass Finalistin Helga Zupfer jedes Mittel recht war, um eine Konkurrentin auszuschalten?

Und was war mit der tief verletzten Apothekertochter, die ihre plötzliche Entlassung dem Sender heimzahlen wollte?

Er schaute noch einmal auf die Frau im Wohnzimmer. Ein Drittel des Wodkas hatte sie vorhin im Stehen geleert. Nun lümmelte sie auf der Couch, die Beine angezogen, die Flasche fest umklammert. Er wandte sich ab, um die Wohnung zu verlassen.

Als er vor das Haus trat, war es, als mache er einen Schritt in eine völlig andere Welt.

Eine Märchenszenerie offenbarte sich ihm. Es war inzwischen dunkel geworden. Ringsum waren die Weihnachtsbeleuchtungen eingeschaltet. Von den Balkonen der Nachbarhäuser strahlten Lichterketten. Fast alle Fenster waren mit Girlanden und hellerleuchteten Sternen geschmückt. Zwischen den tief verschneiten Tannen eines Gartens konnte er die schimmernden Umrisse eines Rentiers erkennen, das einen Lichterschlitten zog. Aus einem kleinen Lautsprecher am Hals der Figur erklang die Melodie von *Rudolph the red nosed reindeer*. Er spürte, wie zarte Flocken sanft auf seinen Haaren landeten. Der Schneefall hatte zugenommen. Eine weiße Welt umgab ihn. Mitten in dieser weißen Welt stand eine schwarze Frau. Und die weinte.

»Nadifa?«

Sie stand vor dem Gartentor. Die weihnachtlichen Lichter der Umgebung schimmerten auf der schmalen dunklen Gestalt. Er ging auf sie zu. Der Schnee reichte ihr bis zu den Knöcheln. Sie trug einen dünnen schwarzen Mantel. Ihr ganzer Körper zitterte vor Kälte.

»Nadifa, was machen Sie hier?«

Ihre Worte waren kaum zu verstehen, die Tränen tropften ihr von den dunklen Wangen.

»Muss sagen Wahrheit!«

Sie bewegte sich auf das Haus zu. Er legte ihr sanft die Hand auf die Schulter, bremste ihren Schritt. Eine Ahnung stieg in ihm hoch. Er überlegte. Die *Fichtlmühlstraße* lag in einiger Entfernung. Hin und zurück waren das gut und gern 20 Minuten. Das konnte hinkommen.

»Gleich in der nächsten Straße ist ein kleines Café. Lassen Sie uns dort zusammen einen Tee trinken.« Sie schüttelte den Kopf. Ein Flockenregen sprühte von ihren schwarzen Haaren. »Doch, Nadifa. Und wenn Sie möchten, können wir dann immer noch hierher zurückkehren.« Sie nickte. Er schob vorsichtig seine Hand unter ihren Arm und führte sie die Straße entlang.

Es waren nur wenige Leute in dem kleinen Café. Sie fanden einen Tisch etwas abseits am Fenster. Sie wollte nichts nehmen, aber Braunberger konnte sie zu einem Kräutertee überreden. Er selbst bestellte seinen Lieblingstee, *Rooibos* mit Vanillearoma. Sie sprach nicht, hielt die Hände in ihrem Schoß vergraben. Den dünnen Mantel hatte sie anbehalten. Sie fror. Er glaubte nun zu wissen, wie es abgelaufen war.

»Nadifa, Sie haben nichts Schlimmes getan.«

Sie hob den Kopf. Immer noch rannen ihr haltlos Tränen aus den dunklen Augen.

»Aber Mann krank. In Spital. Heute erst lesen Zeitung.«

»Dafür können Sie nichts. Das war nicht Ihre Absicht. Ein unglücklicher Zufall.«

Sie verstand nicht.

»Sie waren vorgestern im Haus von Frau Ricarda, denn es war ja Donnerstag. Das stimmt doch?«

Sie nickte. »Ja. Vergessen, dass nicht sollen kommen.«

»Sie gingen wie immer ins Haus. Haben Sie einen Schlüssel?«

Sie nickte.

»Aber Frau Ricarda war nicht da. Die war gerade unterwegs, um die Frau, die ihr bei der Backarbeit half, heimzubringen.«

Sie sah ihn mit großen Augen an. Sie verstand nichts.

»Ist nicht so wichtig, Nadifa. Sie gingen in die Küche, sahen die vorbereiteten Kekse und Süßigkeiten. Da wurde Ihnen klar, dass Sie heute nicht hätten kommen sollen.

Und als sie die Konfektkreationen in Kronenform mit den Ananasstücken bemerkten, hatten Sie plötzlich eine Idee.« Er sah sie an. »Haben Sie das Mittel dabei?«

Sie nickte, kramte in ihrer Tasche und legte eine kleine Dose auf den Tisch.

»Hat Ihnen das Ihre ayeeyo gegeben?«

Wieder bejahte sie mit einem Nicken.

Er atmete tief durch, konnte sich die Szene gut vorstellen. Die junge Somalierin steht in der Küche jener Frau, die sie immer abschätzig behandelt. Die ihr nicht einmal einen Kaffee gönnt. Ihr von dem wenigen Geld, das sie für ihre Arbeit bekommt, auch noch die Hälfte wegnimmt, nur weil eine Vase zerbrochen war. Und da nutzt Nadifa die Gelegenheit, die einem Menschen wir ihr, illegal und ohne Schutz in einem fremden Land, bleibt. Sich heimlich zu rächen. Wenigstens ein bisschen. Und sie nimmt etwas von dem Mittel, das ihr vor Jahren die Großmutter mitgegeben hat, falls es einmal nötig wäre, das Gegessene wieder hochzubringen. Vielleicht will sie tatsächlich nur zwei der *Schneeköniginnen-Weihnachtskronen* mit Kermesbeeren behandeln, vielleicht verlässt sie auch der Mut. Sie eilt davon, bevor sie entdeckt wird. Trifft an der Busstation Heidemarie Stegner. Erzählt ihr von der Vase, aber verständlicherweise nichts von ihrer Manipulation.

Die junge Afrikanerin schaute ihn ängstlich an wie eine verschreckte Antilope.

»Sie dachten, Frau Ricarda würde die Süßigkeit selber essen. Dann hätte sie ein wenig Magenschmerzen gehabt und sich vielleicht auch erbrochen. Mehr wäre ja nicht gewesen. Dass die Backwaren für den Wettbewerb waren und alles ganz anders gelaufen ist, haben Sie nicht gewusst. Es war nicht okay, was Sie gemacht haben, Nadifa. Aber Frau Ricarda hat Sie auch wirklich schlecht behandelt.«

Sie schluckte, senkte den Kopf. »Müssen Gefängnis. Dann abschieben.«

Ihr Gesicht ruckte nach oben. Sie wischte sich die Tränen ab. »Aber okay. Nicht gut machen. Große Dummheit.« Ihr Blick wurde klarer. Sie war bereit, anzunehmen, was jetzt kommen musste.

Ja, es war eine Dummheit. Der Abteilungsinspektor dachte daran, wie viele Dummheiten er schon in seinem Leben begangen hatte. Und es fielen ihm einige ein, die waren weit schlimmer gewesen, als einer boshaften Frau ein wenig Brechmittel unterzujubeln. Er fasste einen Entschluss. Er winkte der Kellnerin.

»Kommen Sie, Nadifa. Wir haben noch einiges zu tun.«

Sie war wortlos ins Auto gestiegen und hatte die ganze Fahrt über geschwiegen. Als Erstes steuerte er das Krankenhaus an. Sie wirkte ein wenig verwundert, folgte ihm aber widerspruchslos. Er zeigte seinen Dienstausweis und bat die Dame am Empfang, den Primar zu verständigen. Der Operettensänger staunte nicht schlecht, als der Polizist, den er in der Show kennengelernt hatte, in sein Zimmer kam, begleitet von einer jungen Afrikanerin. Gleich darauf traf der Primar ein. Otmar Braunberger verlor keine Zeit und erklärte die Situation. Er schilderte die unglücklichen Umstände, die zu dieser Verkettung von Ereignissen geführt hatten. Anfangs war der Gesichtsausdruck des Sängers skeptisch gewesen. Dann war seine Miene zu ungläubigem Staunen gewechselt. Schließlich schüttelte er den Kopf und musste sogar hellauf lachen.

»Also eines, geschätzter Herr Abteilungsinspektor, möchte ich schon klarstellen. Ja, ich hatte damals in Innsbruck eine Liebesbeziehung mit Ricarda Dobaschko. Aber sie ist mir bald auf die Nerven gegangen mit ihrer andauernden grundlosen Eifersucht. Ich habe dann die Beziehung beendet. Daraufhin hat sie mir ständig nachgestellt. Sie war sich nicht zu blöd, während der Hauptprobe zum *Vogelhändler* plötzlich auf die Bühne zu rauschen und meiner Gesangspartnerin eine zu knallen. Daraufhin ist die gute Ricarda hochkant vom Theater geflogen.«

Otmar Braunberger erwiderte nichts. Er wusste es auch nicht besser. Wie immer sich die Dobaschko damals aufgeführt hatte, die im Grunde tief unglückliche Frau, die sich in ihrem Haus mit Wodka zuschüttete, tat ihm dennoch leid. Mehr noch sorgte er sich allerdings um Nadifa. Der Primar leistete am längsten Widerstand. Aber schließlich redete sogar der Operettenstar auf den Mediziner ein. »Also Bernhard, jetzt gib dir einen Ruck. Vielleicht war das Ganze eine Fügung des Schicksals. Jetzt weiß ich wenigstens, dass ich gegen diese komischen *Kermesbeerengewächse* allergisch bin. Hat auch was Gutes. Komm, wir stimmen dem Vorschlag des Herrn Abteilungsinspektors zu. Du bekommst auch von mir zwei Logenplätze für die *Fledermaus*-Premiere.« Der Primar stöhnte auf, doch er fügte sich schließlich. Sie einigten sich darauf, dass Fabian Wenzel, Operettenstar des Salzburger Landestheaters, laut offizieller Untersuchung allergisch auf Ananas reagierte, wovon er bisher keine Ahnung hatte. Darauf sei der plötzliche Anfall während der Show zurückzuführen. Nadifa war die ganze Zeit schweigend daneben gestanden und hatte nicht viel verstanden. Aber sie trat zum Abschied ans Krankenbett und schaute mit nassen Augen auf den Sänger. »Entschuldigen«, flüsterte sie. »Nicht wollen.«

»Ach, dunkle Prinzessin, halb so schlimm. Ich habe schon Ärgeres überstanden.«

Dann nahm er ihre schmale Hand und küsste sie elegant.

Nicht weniger erstaunt als der überrumpelte Operettenstar war der Polizeipräsident, als es kurz vor elf an seiner

Tür läutete und draußen sein Abteilungsinspektor mit einer jungen dunkelhäutigen Frau stand. Und vielleicht hätte der Herr Hofrat die Erklärung seines Ermittlers im Flur angehört, denn er wollte endlich einmal früher ins Bett kommen, aber seine geliebte Gattin Eleonore bugsierte die Ankömmlinge ins Wohnzimmer und bat sie, Platz zu nehmen.

Auch hier fasste der Abteilungsinspektor das Ganze in knappen Worten zusammen.

Hofrat Günther Kerner schnaubte ein paar Mal dazwischen kurz auf, hörte aber seinem Untergebenen zu, ohne ihn zu unterbrechen.

Braunberger schloss seinen Bericht mit einer Frage: »Du kennst doch so viele betuchte Leute, Günther. Wer braucht eine Putzfrau?«

»Na wir!«, rief die Gattin. Sie war zwischendurch kurz in der Küche verschwunden, um für die junge Frau ein Glas warme Milch mit Honig zu holen. »Nadifa, Sie können gleich nach Weihnachten anfangen. Und dann werde ich noch die Ricky Ehrendorfer und die Samantha Kobler-Hohenfeld anrufen. Die sind mit ihren Reinigungskräften auch schon lange unzufrieden und haben noch keinen Ersatz gefunden. Die werden sich freuen!« Die genannten Frauen waren bekannte Damen aus Salzburgs High Society, Bankiersgattin die eine, Wirtschaftsanwältin die andere.

»Danke, Frau Kerner!« Der Abteilungsinspektor warf der Hofratsgattin ein Lächeln zu.

Er wandte er sich wieder an seinen Chef. »Und dann, Günther, wirst du dich rasch um den amtlichen Papierkram kümmern müssen. Deine Verbindungen ins Innenministerium sind ja ausgezeichnet, wie man weiß. Ich denke, du wirst nicht wollen, dass im Haus des Salzburger Polizeipräsidenten eine Reinigungskraft illegal arbeitet.«

Der Herr Hofrat wechselte die Farbe. Der Büffel mit dem Tomatengesicht drohte aufzuwachen, aber seine Frau kam ihm lächelnd zuvor. »Nein, das will er garantiert nicht. Machen Sie sich keine Sorgen, Herr Braunberger.« Sie stand auf. »Das ist doch für dich ein Klacks, Schatz, oder? Du erzählst doch immer, dass dir der Sektionschef Haberer quasi aus der Hand frisst.« Dann eilte sie aus dem Zimmer. Der Büffel muckte kurz auf, sagte aber nichts weiter. Er überlegte, wie er seinem Abteilungsinspektor diesen dreisten Überfall heimzahlen könnte. Aber dann sah er in das verängstigte Gesicht der jungen Frau aus Afrika und sein Zorn verrauchte. Gleich darauf kam Eleonore Kerner zurück, in den Armen eine Menge an Kleidungsstücken.

»Sie haben ungefähr die gleiche Größe wie unsere Tochter, Nadifa. Unsere Rita ist vor Kurzem nach Hamburg übersiedelt und hat jede Menge an Kleidung zurückgelassen. Das dürfte Ihnen passen.« Sie reichte der jungen Frau einen eleganten dunklen Wintermantel und zwei warme Jacken. Dazu stellte sie ein paar Pelzstiefel auf den Boden. »Vielleicht besuchen Sie mich nächste Woche. Dann können wir nachschauen, was Ihnen von Ritas Kleidungsstücken noch passt. Und wir können auch gleich über Ihre Arbeit hier im Haus reden.« Sie strich ihrem Gatten sanft übers schüttere Haar. »Das ist dir doch recht, Schatz?«

Dem Schatz war es recht.

Es war schon nach Mitternacht, als sie das Haus verließen. Einen Weg hatte der Abteilungsinspektor noch vor sich. Dazu musste er vorher kurz in seine Wohnung.

Der Klang der Türglocke der großen Villa in Parsch erinnerte an den Schlag von Big Ben. Das elegante Haus mit den turmartigen Erkern und dem riesigen Park gehörte Milan Stabitsch. Er hatte sein Geld mit dem Transport verschiedenster Waren quer über den Globus verdient. Weil die Herkunft einiger Artikel nicht immer nachvollziehbar war und die Beschaffungsmethoden gelegentlich weit außerhalb des gesetzlichen Spielraumes lagen, hatte Stabitsch auch zwei Jahre im Gefängnis verbringen müssen. Inzwischen hatte er sich zur Ruhe gesetzt und mischte nur mehr höchst selten im Transportwesen mit.

»Abteilungsinspektor Otmar Braunberger, was für eine Überraschung! Wer ist die Kleine?«

»Mein Bodyguard.«

Der Geschäftsmann mit den ehemals dubiosen Methoden wiegte seinen graubärtigen Kopf hin und her. »Da hat die Polizei aber ausgesprochen hübsche Leibwächter rekrutiert.« Er trat einen Schritt zu Seite und ließ die beiden eintreten.

»Was willst du zu so später Stunde?«

Otmar Braunberger fixierte ihn. »Du bist mir noch einen Gefallen schuldig, Milan.«

Stabitsch nickte. »Ich weiß.«

Der Polizist öffnete die große Einkaufstasche, die er mitgebracht hatte, und zog ein dunkles Sakko hervor.

»Das ist italienische Designerware. Brunello Cucinelli. Beste Ware, wie neu. Ein einziges Mal getragen. Das verhökerst du doch locker unter der Hand. Was gibst du mir dafür?«

Der Mann nahm das Sakko, prüfte den Stoff. »500 Euro.«

Der Abteilungsinspektor atmete deutlich hörbar ein. »Jetzt enttäuscht du mich aber, Milan. Du bist doch ein Ehrenmann. Die Jacke kostet im Innenstadtgeschäft fast 2000 Euro. Sagen wir so: Du gibst mir 1.500 Euro, und die Sache hat sich.«

Stabitsch sah ihn an. Dann wanderte sein Blick zur jungen Afrikanerin. Schließlich sah er wieder auf den Polizisten. Wortlos drehte er sich um und kehrte eine Minute später zurück. Er reichte Braunberger ein Kuvert.

»Sind wir damit quitt?«

»Ja.«

»Dann wünsche ich noch eine gute Nacht.« Er öffnete die Haustür.

Er brachte Nadifa zu einem großen Wohnblock in *Lehen*. Dort lebte sie mit drei anderen Frauen aus Afrika auf engstem Raum in einer winzigen Garçonnière. Auf dem Parkplatz ließ er die junge Frau aussteigen, reichte ihr die Tasche mit den Kleidungsstücken. Den Mantel und die Stiefel hatte sie bereits angezogen. Er holte das Geld aus dem Briefumschlag, den ihm Stabitsch gegeben hatte, und hielt es ihr hin. Sie wollte es nicht, wehrte entsetzt ab. Er nahm vorsichtig ihre Hand, legte die Scheine hinein und schloss behutsam ihre Finger. »Doch, Nadifa. Sie können das Geld gut brauchen.«

Sie wusste nicht, was sie sagen sollte, stand nur da, mit den Scheinen in ihrer Hand.

»Meine Schwester Gudrun kommt mit ihrem Mann zu mir nach Salzburg. Vielleicht ist sogar meine Nichte da. Wir feiern zusammen Weihnachten. Es würde mich sehr freuen, wenn Sie auch kämen.«

Sie schaute ihn groß an. Ihre Augen füllten sich wieder mit Tränen.

»Vielleicht könnten Sie für uns auch etwas kochen, Nadifa. Das würde mich freuen.«

Zum ersten Mal an diesem Abend stahl sich ein Lächeln auf ihre Lippen.

»Kekse?«

Er lachte auf. »Nein danke. Von Keksen habe ich in nächster Zeit genug. Vielleicht etwas Würziges aus Ihrer Heimat.«

Sie trat einen Schritt vor, küsste ihn zart auf die Wange.

»*Mahadsanid*.« Dann drehte sie sich um. Er war gar nicht mehr dazugekommen, zu fragen, was *Bitte, gern geschehen* auf Somali hieß. Aber das würde er vielleicht bald lernen.

Er schaute ihr nach. Sie verschwand langsam in der Nacht, eine schwarze Frau im weißen Schnee von Salzburg.

STERN. TALER. KIND.

Weihnachten, das ist die Zeit der besonderen Erzählungen. Von wundersamen Erlebnissen in märchenhaften Geschichten. Manchmal spielen Schnee und Kälte eine wichtige Rolle. Nicht selten erfriert ein Kind. Denken Sie nur an die alte Geschichte von dem armen Mädchen mit den Schwefelhölzern. Und an die vielen anderen erfrorenen Kinder am Schluss von Weihnachtsmärchen.

Weihnachten ist aber auch die Zeit der Überraschung, der freudigen Erwartung, der Neugierde. Das beginnt ja schon mit den kleinen Türchen am Adventskalender. Zahlen tragen diese Türchen. Verborgenes harrt dahinter. Wir wissen nie, was uns erwartet, ehe wir nicht das richtige Türchen mit der richtigen Zahl geöffnet haben. Und kaum ist ein Türchen offen, beginnt schon das aufgeregte Kribbeln, was um alles in der Welt hinter dem nächsten Fensterchen lauert. Jedes neue Bild bringt uns einen Schritt weiter. Aber unsere Neugierde ist groß. Denn das Ziel unserer Suche ist es natürlich, zu wissen, was sich hinter dem letzten, dem besonders wunderschön gestalteten Türchen verbirgt.

Lassen Sie uns eine Geschichte erzählen, die sich Schritt für Schritt aus geöffneten kleinen Portalen ergibt. Insgesamt 24 an der Zahl, wie sich das für eine weihnachtliche Geschichte gehört. Auch Schnee und Kälte werden eine Rolle spielen. Ein Schwefelhölzchen kommt vor. Und ein Kind, das friert.

Das erste Türchen zeigt uns einen ***Stern*** *…*

… und dieser Stern hängt an einem goldenen Band. Das Band ist mit einem einfachen Nagel an einer Holzhütte befestigt. Diese Hütte steht auf dem berühmten Salzburger Christkindlmarkt. Sie schaut aus wie die vielen anderen stimmungsvoll gestalteten Hütten auf dem hell erleuchteten Platz zwischen Dom und Alter Residenz. Jede Hütte ist nach vorne hin offen, damit man sofort erkennen kann, was hier den neugierigen Besucher erwartet: Filzpatschen oder Christbaumschmuck. Bienenwachskerzen oder Orangenpunsch. Holzspielzeug oder Hinterglasmalerei. Glühweinbecher oder Seidenpuppen. Nussknacker oder Strickpullover. Vor der Hütte mit dem Stern, der an einem Band baumelt, stehen fünf Personen. Zwei Erwachsene und drei Kinder. Sie bestaunen die vielen Krippenfiguren, die hier angeboten werden. Kleine Hirten mit noch kleineren Schafen aus Ton. Etwas größere Hirten, Kamele und Heilige Könige aus Keramik und Kunststoff. Das Jesuskind auf Stroh in allen Größen und Farben. Die teuersten Figuren stehen sorgsam aufgereiht in den schmalen Regalen mit der Aufschrift *Original Krippenfiguren, handgeschnitzt, mit Echtheitszertifikat*. Dabei kann man auswählen, je nach Brieftasche, zwischen *Ahorn*, *Kastanie*, *Walnuss* oder *Lindenholz*. Jede Figur wird in vier verschiedenen Größen angeboten. Oberhalb der schmalen Regale mit den Krippenfiguren sind noch breitere Haltevorrichtungen angebracht. Dort stehen andere Figuren. Die stellen zwar auch Gestalten dar, die man aus den Heiligengeschichten kennt, aber nicht alle stammen aus der Weihnachtserzählung. Der Heilige Georg, der seine Lanze in den Drachen stößt, ist gleich sieben Mal zu bewundern. Dazu viermal der Heilige Florian, Schutzpatron der Feuerwehr, und dreimal die Heilige Barbara, Patronin der Bergknappen, mit ihrem Erkennungsmerkmal, dem Turm. Daneben und darüber warten einige kunstvoll gearbeitete Schutzmantelmadonnen und große goldene Engelsköpfe darauf, von Käufern mitgenommen zu werden. Eines der drei Kinder am Stand, ein zehnjähriger Bub, will unbedingt zwei verschiedene Ochsen und drei Esel für den Stall in Bethlehem haben. Die beiden Schwestern bestehen darauf, nur je einen Ochsen und einen Esel zu nehmen, was laut heiliger Geschichte auch völlig genügt, und dafür eine größere Anzahl an Schafen zu erwerben. Die Mutter liebäugelt mit einem der großen goldenen Engelsköpfe aus den oberen Regalregionen. Der Vater hat ein Auge auf die Heilige Familie samt Hirtenschar aus teurem Lindenholz geworfen. Auf der anderen Seite der Verkaufstheke steht ein junger Verkäufer. Sein Name ist David Plecha. Dass er nach einem König aus dem Alten Testament benannt ist, weiß er nicht. Er interessiert sich nicht sonderlich für biblische Legenden. Es genügt ihm zu wissen, welche Figur in dieser Hütte welchen Heiligen darstellt. Er hofft, mit den fünf Personen, die jetzt an seinem Stand sind, ein gutes Geschäft zu machen. Er lobt den Geschmack des Mannes, der ihm gegenübersteht und zwei große Hirten aus Lindenholz prüfend in der Hand hält. Einer der Hirten trägt ein Schaf auf der Schulter. Der andere hockt auf einem Stein und hält einen Dudelsack im Arm. Offenbar stören den Familienvater die hohen Preise nicht, die auf den

Schildern zu lesen sind. Besonders freut David, dass die Mutter es nicht bei dem einen Engelskopf belässt, den er vom Regal geholt hat, sondern auch noch einen Florian und eine Schutzmantelmadonna dazunimmt. Er ist eben dabei, den Ochsen, den Esel und zwölf Schafe in eine Schachtel mit Holzwolle zu legen, als er bemerkt, wie sich ein weiterer Christkindlmarktbesucher der Hütte nähert. Der Mann trägt eine Wildlederjacke und einen grauen Hut. Er bleibt vor dem Stand stehen, wühlt ein wenig in der Kiste mit den billigen Kunststoffschafen. Dann hebt er die linke Hand, formt sie zur Faust und legt die flache Rechte darüber. David nickt dem Mann zu und beeilt sich, die Schachtel mit den Tieren fertig zu verpacken. Den Engel und die Heiligenstatuetten hat er schon in Schaumstoff eingewickelt und der freudestrahlenden Mutter übergeben. Auch der Vater hat seine Lindenholzfiguren bereits in Empfang genommen. David schenkt den beiden Mädchen noch je ein kleines Schaf und übergibt die Schachtel mit den eingepackten Tieren dem Jungen. Der bemerkt dabei ein Tattoo an der rechten Hand des Verkäufers. Es zeigt einen achtzackigen Stern. Der gleicht in der Form dem großen, der am goldenen Band an der Hütte hängt. Der Vater holt die Brieftasche hervor und bezahlt den genannten Betrag. Der junge Verkäufer wartet, bis die Familie sich entfernt hat. Dann blickt er rasch, aber unauffällig, nach links und nach rechts. Er langt unter die Theke, zieht eine schwarze Tasche hervor und gibt sie dem Mann mit der Wildlederjacke. Der überreicht David ein Kuvert, das dieser, ohne den Inhalt zu prüfen, in der Innentasche seiner Weste verstaut. Der Mann hat ihm bereits den Rücken zugekehrt und verschwindet, mit der schwarzen Tasche in der Hand, in der dichten Menge der vielen Menschen, die staunend zwischen den weihnachtlich erleuchtenden Hütten und Ständen des Marktes flanieren.

Das zweite Türchen zeigt uns eine ***Sonne*** *…*

… mit lustigen Augen und zwei roten Backen. Ein kleines Mädchen greift in das Micky-Maus-Etui mit den Farbstiften, um der Sonne noch lange orangefarbene Strahlen zu malen. Eine Frau kommt in das Zimmer, in dem das Mädchen vor dem Fenster mit dem hochgezogenen Donald-Duck-Rollo am Schreibtisch sitzt. Das ist Carola Salman, die Mutter der kleinen Zeichnerin. Hedwig ist zwar schon neun Jahre alt, aber ihr Verstand hat noch nicht aufgeholt, was der Körper bisher vorausgeeilt ist. Manchmal kann Hedwig schon sprechen wie eine Fünfjährige, manchmal wirkt sie etwas jünger. Aber die Zeichnung, die sie jetzt mit großem Eifer auf dem Papier anfertigt, schaut schon aus, als habe sie eine Siebenjährige gemalt. Das findet auch Hedwigs Mutter und lobt ihre Tochter. Genau so hat die Sonne ausgeschaut, die Hedwig gestern beim Weihnachtsspiel vor dem Stall von Bethlehem gesehen hat. Und heute würden sie noch einmal hingehen. Mama hat es versprochen. Dann würde sie sich ganz genau merken, in welcher Farbe der Mond leuchtet, der mit der Sonne hinter dem Sternenvorhang erscheint. Den Mond würde sie dann am Abend zeichnen, vor dem Schlafengehen. Und von Mama würde sie sich die ganze Geschichte noch einmal erzählen lassen.

Wenn sie größer ist, dann möchte sie auch einmal die Sonne in einem Theaterstück spielen.

Das dritte Türchen zeigt uns einen ***Schlüssel*** *…*

… der in einer Tür steckt. Die Tür ist alt. Die Angeln und Beschläge sind aus Gusseisen. Das Holz ist verwittert, hat Risse und Wurmlöcher. Auch der Schlüssel ist alt. Der Bart, der im Schloss steckt, zeigt Spuren von Rost. Die gehörten schon längst mit geeignetem Schleifpapier entfernt. Am großen, abgewetzten ovalen Ring, mit dem man den Schlüssel ins Schloss steckt, baumelt ein kleines gelbes Plastikschild mit der Aufschrift *Kirche*. Im nahen Pfarrhof steht ein Mann in Soutane an seinem mit Büchern und Notizzetteln überfüllten Schreibtisch. Er telefoniert.

Eine junge Frau ist in der Leitung. Sie bittet den Pfarrer schon zum dritten Mal um eine Verschiebung der Taufe. Der Samstag nach Dreikönig sei nun doch nicht der geeignete Zeitpunkt. Ihre Tante aus Wien sei auf dem rutschigen Gehsteig vor dem Haus ausgeglitten und habe sich den Hüftknochen angesprengt. Man wisse noch nicht genau, wie lange die Heilung dauern würde. Der alte Geistliche bietet ihr den letzten Samstag im Januar an. Aber dieser Tag sei noch schlechter, teilt ihm die Frau mit. Da wäre ihr Mann geschäftlich in Stockholm. Das lasse sich leider nicht verschieben. Und eine Taufe ohne den Vater des Kindes sei ja wohl schwer vorstellbar. Da muss ihr der Pfarrer beipflichten. Er verständigt sich mit der jungen Mutter darauf, sie nach den Weihnachtsfeiertagen zu kontaktieren. Dann sei vielleicht auch absehbar, welchen Entwicklungsstand der Heilungsprozess am Hüftknochen der Wiener Tante inzwischen erreicht habe. Er legt das tragbare Telefon auf den Ledereinband des Neuen Testaments, das zuoberst auf dem Bücherstapel thront. Dann geht er hinüber in die Küche, um sich einen Tee zu bereiten. Anschließend würde er die Predigt für den Christtag noch einmal durcharbeiten. An so einem hohen Feiertag ist die Kirche beim Hochamt immer bis auf den letzten Platz gefüllt. Viele der Männer im hinteren Bereich unterhalb der Orgel müssen sogar stehen. Und keiner verlässt den Gottesdienst vorzeitig, um sich im nahen Wirtshaus als einer der Ersten am Stammtisch einzufinden. Am Christtag nicht. An so einem besonderen Festtag muss sich auch der Pfarrer bei der Predigt ordentlich ins Zeug legen. Da reichen nicht die Standardfloskeln, die unterm Jahr hinlänglich genügen, wenn sich außer ein paar alten Weiblein niemand anderer in die Sonntagsmesse verirrt. Beim Gedanken an die vollgefüllte Kirche am Christtag fällt ihm ein, dass er nicht mehr mit absoluter Sicherheit sagen kann, ob er vorhin die Eingangstür am Gotteshaus abgeschlossen hat. Er schaltet den Wasserkocher aus, nimmt die Teedose, öffnet den Kühlschrank und stellt sie hinein. Nach zwei Schritten bleibt er stehen.

Er macht rasch kehrt, nimmt die Teedose wieder heraus und platziert sie auf dem Regal, wo sie hingehört. Seine zunehmende Zerstreuung wird ihm wieder einmal bewusst. Vielleicht sollte er doch den Ratschlag seiner Köchin befolgen und bald einen Arzt aufsuchen. Er öffnet die Küchentür. Tatsächlich, der schwere eiserne

Schlüssel hängt nicht am extra dafür angebrachten Haken im Flur. Der Pfarrer tauscht die warmen Hauspantoffeln mit den Stiefeln, zieht sich den Mantel über und stapft hinaus in den Schnee. Der Weg zur Kirche ist nur ein paar Schritte weit. Als er dort ankommt, stellt er mit Verwunderung fest, dass der Schlüssel nicht im Türschloss steckt. Vielleicht hat er ihn vorhin abgezogen und in der Sakristei liegen lassen. Er drückt das Tor auf und taucht seine Fingerspitzen in das Weihwasserbecken gleich hinter dem Eingang. Seine Stiefel verursachen Schmatzgeräusche auf dem Steinboden. Es ist dunkel im Gebäude, nur wenig Licht fällt von draußen durch die bunten Glasfenster. Aber er kennt den Weg, er ist ihn sicher schon mehrere Tausend Mal gegangen. Er bewegt sich vor bis zum Hochaltar, macht das Kreuzzeichen und wendet sich nach rechts. Als er in der Sakristei nach dem Lichtschalter tastet, trifft ihn der Schlag. Der schwere Kerzenständer kracht gegen seine linke Schläfe. Er sackt in die Knie und fällt nach vorn auf den abgewetzten Teppich.

Das vierte Türchen zeigt uns einen ***Ritter*** *…*

… der sitzt auf einem weißen Pferd, das sich auf seinen Hinterbeinen aufbäumt. Der geharnischte Mann im Sattel trägt einen silbernen Helm mit rotem Federbusch und schwingt in der rechten Hand ein mächtiges Schwert. Ross und Reiter stehen auf einem kleinen Board neben einem Saurier, einem Klonkrieger und zwei Robotern.

Die gehören alle Robert. Der sitzt auf dem Bett, hat die Füße untergeschlagen und grollt. Diese blöde Sonne zu spielen, geht ihm gehörig auf den Geist. Gott sei Dank ist heute Nachmittag die letzte Vorstellung. Und dass ausgerechnet die doofe Lucy aus seiner Klasse den Mond gibt und er mit ihr hinter dem Sternenvorhang auftauchen muss, findet er völlig zum Kotzen. Hat man je gehört, dass am Stall von Bethlehem Sonne und Mond erscheinen? Nein! Hirten versammeln sich dort, Könige aus dem Morgenland, vielleicht auch noch Engel. Von Sonne und Mond steht nichts in der Weihnachtsgeschichte. Er hat extra noch einmal nachgelesen. Aber seine Lehrerin, die Frau Garstinger, bildet sich das unbedingt ein und hat sogar ein eigenes Sonne-Mond-Lied geschrieben, das er und Lucy singen müssen, begleitet von zwei Flöten, einem Xylofon und einer Gitarre. Viel lieber als die saudumme Sonne würde er einen Hirten darstellen. Wenn die auftreten, wird wenigstens gelacht im Publikum. Die bekommen auch immer Zwischenapplaus. Er und die einfältige Lucy nicht. Da klatscht keiner. Noch lieber als ein Hirte wäre er aber einer der drei Könige. Die tragen prächtige Gewänder. Und er würde sich auch ein Schwert umschnallen. So etwas braucht ein richtiger König. Er besitzt zwar keine Ritterwaffe, aber sein Darth Vader Laserschwert würde es auch tun. Da würden der Josef und die Maria samt Engeln blöd aus ihren Kostümen gucken, wenn er vor dem Stall von Bethlehem sein Lichtschwert zückte. Zweimal hat Robert seine Mutter gefragt, ob sie nicht mit der Garstinger reden könne, dass sie ihm eine andere Rolle gibt. Aber die hat nicht einmal zugehört. Sie war davon überzeugt, er würde vor Freude hüpfen, weil sie ihm extra aus dem Kostümverleih eine goldene Sonnenlarve und einen weißen Umhang mit orangen Streifen besorgt hat. Er hat, wie so oft, getan, als wäre er ganz glücklich über das Kostüm, weil er seiner Mutter die gute Laune nicht verderben wollte. Aber seine Mutter hat keine Ahnung, was ihm wirklich lieb ist. Handy hat sie ihm auch keines gekauft. Und der Oma, die ihm ihr altes schenken wollte, hat sie verboten, das heiß begehrte Telefon an ihn weiterzugeben. Fast alle in seiner Klasse haben schon ein Handy. Nur der rothaarige Lothar, die doofe Lucy und er nicht. Vielleicht bringt ihm das Christkind eines. Er hat vor fünf Tagen sofort in der Früh nachgeschaut. Der Brief am Fensterbrett war weg. An der Stelle, wo er den Zettel deponiert hatte, lag ein Stück Schokolade. Der Austausch hat also funktioniert. Er hofft sehr darauf, dass das Christkind ihm seinen tiefsten Herzenswunsch erfüllt. Christkinder wissen mehr als Mütter. Und sie sind auch viel netter. Er möchte auch unbedingt, dass sie heuer den Heiligen Abend bei der Oma feiern. Und er will nicht, dass der Pascal dabei ist. Wenn die Mama denkt, er wisse nicht, was sie mit dem Mann vorhabe, dann täuscht sie sich gewaltig. Er hat ganz genau gesehen, wie die Mama den Pascal am vergangenen Sonntag in der Küche geküsst hat. Sicher eine Minute lang. Einfach eklig. Und dass er vor einer Woche bei Tante Martha schlafen musste, was er überhaupt nicht leiden konnte, hat auch mit Pascal zu tun. Da war sich Robert ganz sicher. Denn die Mama hat an diesem Abend das blaue Kleid mit dem hellen Kragen angezogen. Das hat sie früher nur getragen, wenn sie mit Papa ausging.

*Das fünfte Türchen zeigt uns eine Dose mit einer **Nachtigall** …*

… und diese Dose nimmt ein junger Mann in die Hand. Den kennen wir schon. Es ist der Verkäufer vom Christkindlmarkt, der am Stand mit den Krippenfiguren die Kundschaft bedient. Der Besitzer dieser Verkaufshütte ist ein alter Kunsthandwerksdrechsler, der zwei Geschäfte in der Stadt Salzburg führt. Beide auf der anderen Salzachseite. Dass David vor vier Jahren diesen Job am Christkindlmarkt bekam, hat sich mittlerweile als echter Glücksfall erwiesen. Er muss nicht immer da sein, nur an drei Tagen in der Woche. Aber der Besitzer lässt seine Hilfskraft völlig allein am Stand werken. Und darauf kommt es an. David streicht mit der Hand über die Emailschicht der Keramikdose. Sie ist alt. Der ehemals weiße Farbton geht bereits in leichtes Beige über. Die mit feinem Pinsel auf der Dose festgehaltene Szene dunkelt auch schon nach. Der rotbraune Schwanz der Nachtigall, die auf einem blühenden Pfirsichzweig ihr Lied trällert, ist schon ganz schwarz geworden. Er hat die kleine Kostbarkeit auf einem Flohmarkt in Wien erstanden. Vorsichtig klappt er den Deckel hoch. Die Nachtigall verschwindet aus seinem Blickfeld. Seine Augen prüfen das Innere. Er zieht ein kleines durchsichtiges Plastiksäckchen aus der Dose. Der Beutel ist fast leer. Nur mehr wenig weißes Pulver befindet sich darin. Für heute und morgen würde es reichen. Er würde seiner neuen Freundin Jasmin etwas davon abgeben, wenn sie sich, wie vereinbart, noch spätabends trafen. Dann würden sie sich auf die Piste schmeißen. In der großen Disco am Flughafen lief eine tolle Show mit zwei neuen DJs. Einlass nur im Weihnachtskostüm. Jasmin würde ein weißes Mieder anziehen, Strapse und Engelsflügerln. Für ihn hat sie eine schräge Santa-Claus-Haube besorgt. Mit einer Schelle am Mützenzipfel, die aussieht wie ein kleiner Totenkopf. Er steckt die Plastiktüte in die Tasche. Er muss dringend für Nachschub sorgen. Gleich morgen würde er seinen Lieferanten anrufen. Und er würde wieder ein paar Scheine mehr hinblättern müssen. Das Zeug wird von Mal zu Mal teurer. Er weiß nicht, wo das viele Geld immer hinkommt. Er hat das Gefühl, es zerrinnt ihm unter den Fingern.

*Das sechste Türchen zeigt uns eine **Kerze** …*

… die mit gelbem Schein helles Licht verbreitet. Ein kleines Mädchen stellt die brennende Kerze vor sich auf den Boden. Dann setzt es sich davor. Das dichte schwarze Haar der Kleinen ist nach hinten gekämmt. Eine weiße Masche ziert den Kopf des Mädchens. Über die hellbraunen Wangen purzeln Tränen. Neben der Kerze des Mädchens steht eine zweite. Auch die brennt. Auch vor dieser Kerze sitzt ein Kind. Ein Bub von fünf Jahren. Er ist kaum älter als das Mädchen mit der Masche. Auch er weint. Und eine weitere brennende Kerze ist zu sehen. Viele Kerzen, Hunderte. Ein kleines Lichtermeer flackert auf dem Platz vor dem großen steinernen Tor mit den versperrten Gittertüren. Hunderte Menschen stehen still rings um die Kerzenflammen. Kinder, Erwachsene, Greise. Sie schweigen. Viele von ihnen weinen. Das Mädchen mit der Masche lehnt sich zurück. Fühlt die

Knie ihrer großen Schwester. Tastet mit der Hand hinter sich, bis es die warmen Finger der Größeren spürt. Die große Schwester versucht, die Tränen zurückzuhalten, beißt sich auf die Lippen. Sie muss der Kleinen ein Vorbild sein. Motorengeräusch erdröhnt, wird lauter. LKWs erreichen den Platz. Männer in Uniformen springen von den Transportbänken. Sie halten Knüppel in der Hand. Eine große schwarze Limousine hält an der Mauer. Ein Mann mit dunkler Sonnenbrille steigt aus, redet mit dem Kommandanten. Die Menschen, die am steinernen Tor rings um die brennenden Kerzen stehen, rücken zusammen. Sie halten einander an den Händen. Die Kleine mit der Masche ist aufgesprungen, drückt sich zitternd an ihre Schwester. Das größere Mädchen hat auch Angst. Sie schaut zu den Männern mit den Knüppeln. Sie kommen drohend näher. Dahinter bleiben gepanzerte Fahrzeuge stehen. Große Schläuche werden rasch von Spulen abgewickelt. Kommandorufe schallen über den Platz. Ein Kind weint, beginnt zu kreischen. An den schweren Türen der Fahrzeuge erkennt das Mädchen die rote Scheibe auf dem viereckigen grünen Feld. Das Wappen ihrer Heimat, das Land, in dem sie geboren wurde. Die Männer in den Uniformen heben die Knüppel.

Das siebte Türchen zeigt uns ein ***Rentier*** *…*

… es lacht von einer Mütze. Ganz vorne an der Haube befindet sich die rote Knollennase. Die Augen sind als glänzende Knöpfe aufgenäht. Links und rechts an der Mütze sind kleine flauschige Geweihe angebracht, die beim Laufen flattern. Robert mag diese Mütze, auch wenn ihn die anderen Kinder damit manchmal aufziehen. Sein Rentier aus Plüsch, das lange auf dem Regal über seinem Bett gestanden ist, hat er längst im Keller verräumt. Das braucht er nicht mehr. Genauso wenig wie den großen weißen Teddy. Weg damit! Wenn der Papa fort ist, braucht auch der Teddy nicht mehr da zu sein. Außerdem musste Robert Platz schaffen. Für seine Ninja Turtles Teenage Mutanten, die er zum Geburtstag bekommen hat. Er überlegt, ob er für das heutige Abenteuer Dumbledores Zauberstab aus seiner Harry-Potter-Kiste mitnehmen soll. Schließlich greift er doch zum Darth-Vader-Lichtschwert. Ein kurzes Miauen erklingt hinter ihm. Luke Skywalker tapst ins Zimmer. Mama wollte den kleinen schwarzen Kater ja Stanislaus nennen. Aber das Kätzchen war sein Weihnachtsgeschenk gewesen, also durfte auch er den Namen aussuchen. Und der war ihm sofort eingefallen: Luke Skywalker. So heißt sein Lieblingsheld aus den Star-Wars-Filmen. Er zieht den warmen Anorak an, stülpt sich die Rentierhaube auf den Kopf und umklammert den Griff des Schwertes. Dann hebt er die Katze hoch und nimmt sie auf den Arm. Der kleine Kerl soll ihn bei seinem heutigen Abenteuer begleiten. Seine Mutter ruft ihm noch aus der Küche nach, dass er vor Einbruch der Dunkelheit zurück sein müsse. Er verspricht auch noch im Hinauslaufen, sich nicht allzu weit von ihrer Straße zu entfernen, die am äußeren Rand der kleinen Siedlung liegt. Dann schließt er die Tür, läuft die Stufen hinunter, die zum Gartentor führen, und ist endlich draußen. Luke Skywalker will nicht getragen werden. Robert versteht das. Der kleine Strawanzer mit dem schwarzen Fell ist genau wie er. Immer unternehmungslustig. Immer begierig, etwas Neues zu entdecken. Der Kater springt auf die Schneefahrbahn und hüpft in kleinen Sätzen davon. Robert hält das Laserschwert hoch, aktiviert das Blinklicht, stößt einen Kriegsschrei aus und läuft hinterher. Großen Abenteuern entgegen.

Das achte Türchen zeigt uns einen ***Schneekristall*** *…*

… mit sechs silbernen gezackten Strahlenarmen und einer fein ziselierten Rosette in der Mitte. Jede einzelne Nadel, jedes schmale, flach gedrückte durchsichtige Blatt an den Kristallarmen ist genau zu erkennen. Das silberfarbene Wunderwerk leuchtet vor tiefblauem Hintergrund vom Screen eines Laptops. Der flache Computer gehört Doktor Ägidius Remmler. Er ist der Chef der *Zentralanstalt für Meteorologie und Geodynamik Salzburg*. Also der oberste ›Wetterfrosch‹ des Landes, wie manche seiner Freunde den Meteorologen gerne necken. Den einzigartigen Schneekristall als Bildschirmschoner hat Remmlers Sohn Christoph entworfen, der als Webdesigner in Berlin arbeitet. Das kleine Wunderwerk kann mehr, als nur von der Sichtscheibe des Computers strahlen. Der Schneekristall kann sich auch drehen in alle nur denkbaren Richtungen. Er kann blitzschnell seine Gestalt ändern, in 3-D erscheinen, die Farbe wechseln, sich auflösen, zu hundert Miniatur-Kristallen zerstauben, um gleich darauf den Betrachter mit völlig neuen Formen zu überraschen. Leider hat Ägidius Remmler im Augenblick keine Zeit, sich an den Kristall-Wunderwerken seines

Sohnes zu erfreuen, denn es gilt, rasch einige Computermodelle zu überprüfen. Aber auch die Berechnungen, die er aufgrund der aktuellen Daten durchführt, bringen dasselbe Ergebnis. Es wird noch kälter werden. An dieser Tatsache besteht auch nicht die Spur eines Zweifels. Die ohnehin schon tiefen Temperaturen werden in der Nacht noch viel weiter sinken. Eine neue Kältewarnung muss auf der Stelle ihren Weg an die Öffentlichkeit finden. Er verfasst in aller Kürze eine entsprechende Dringlichkeits-Meldung und schickt sie per Mausklick an die Redaktionen der Zeitungen und der Radio- und Fernsehsender des Landes.

Das neunte Türchen zeigt uns einen ***Tannenbaum*** *…*

… in grüner Farbe. In vielen Weihnachtsgeschichten träumen Tannenbäume davon, einst als lichtergeschmückter Gabenbaum in einer hell erleuchteten Stube zu stehen, umgeben von aufgeregten Kindern mit strahlenden Augen. Als Christbaum mit glitzerndem Spitz, roten Kerzen, glänzenden Kugeln und Silbergirlande in einem freundlichen Wohnzimmer zu landen, mag mancher Tanne tatsächlich als der eigentliche Höhepunkt ihres vor sich hingrünenden Daseins erscheinen. Ob auch das kleine Bäumchen mit der weißen Aufschrift, von dem hier die Rede ist, ähnliche Ambitionen hegt, darf bezweifelt werden. Erstens ist es nur wenige Zentimeter hoch und zweitens hat es weder Wurzeln noch Nadeln. Es steht auch in keinem tief verschneiten Winterwald, sondern baumelt an einer dünnen Drahtschlinge vom Innenspiegel eines Kleinlasters, der unter exakter Einhaltung der vorgeschriebenen Geschwindigkeit eben von der Autobahn abfährt und dem westlichen Rand der Stadt zustrebt. Am Steuer sitzt ein kräftig gebauter Mann, Anfang 40, dem man schon von Weitem ansieht, dass er Fitnessstudios nicht nur vom Vorbeifahren kennt. Auf dem Kopf trägt er eine Baseballmütze mit dem Schriftzug *Harley-Davidson*. Zum Schutz vor der Kälte außerhalb der gut geheizten Fahrerkabine hat er eine Fellmütze mit aufklappbarem Ohrenschutz neben sich auf dem Beifahrersitz liegen. Für Karsten Morchler ist es nicht die erste Fahrt nach Salzburg. Er kennt sein Ziel ganz genau. Der Fahrer des Sportwagens hinter ihm betätigt unentwegt die Lichthupe und gibt Zeichen, der Kleinlaster möge doch einen Zahn zulegen. Aber Karsten Morchler achtet streng darauf, die im Siedlungsgebiet zulässige Höchstgeschwindigkeit von 30 km/h nicht zu überschreiten. Nach zehn Minuten erreicht er das große rot gestrichene Tor. Er betätigt die Fernbedienung. Lautlos gleitet das Schiebetor zur Seite. Der Fahrer lenkt den Kleinlaster bis vor die Lagerhalle und steigt aus. Das Tor an der Einfahrt schließt sich wieder von selbst. Karsten Morchler hat inzwischen die Baseballkappe gegen die Fellmütze getauscht. Es pfeift ein eisiger Wind über das Gelände. Der Mann öffnet mit einem Schlüssel die große Tür an der linken Seite des Gebäudes. Er betritt die Halle, streift seine Arbeitshandschuhe über und beginnt, nacheinander große Kartons aus dem Lagerraum in seinen Lastwagen zu laden. Dabei summt er fröhlich ein Lied. Denn die Arbeit geht ihm leicht von der Hand. Nach nicht einmal einer Viertelstunde ist er bereits fertig. Er öffnet die Beifahrertür, angelt das kleine Paket unter dem Sitz hervor, umkurvt die Ostseite des Gebäudes und betritt einen kleineren Raum. Dort setzt er sich auf einen Stuhl und wartet. Draußen beginnt es schon leicht zu dämmern. Er schaut auf die Uhr. Wenn er es noch bis Mitternacht nach Prag schaffen will, muss er sich beeilen. Die Fahrbahnen sind überall winterlich, wie er den Meldungen im Radio entnommen hat. Kälte und Glatteis sind angesagt. Es würde nicht allzu viel ausmachen, wenn Karsten sich um eine Stunde oder zwei verspätet. Aber das will er nicht. Er ist gerne pünktlich. Das gehört zu seiner Auffassung von Präzision bei der Arbeit.

Das zehnte Türchen zeigt uns einen ***Schneemann*** *…*

… mit Karottennase und einem umgedrehten Blumentopf auf dem Kopf. In der rechten Hand hält der eisige Kerl einen alten Reisigbesen. Noch fehlen ihm die Augen. Aber eines der Kinder, die mit dicken Anoraks vor der weißen Kugelgestalt aufgepflanzt sind, drückt dem Schneemann schon zwei Stück Kohle ins Gesicht. Die Kinder sind begeistert. Die meisten können nicht ruhig stehen, sondern zappeln mit den Füßen. Ein kleiner Junge im roten Anorak, dem andauernd die Nase rinnt, kreist wie wild seine Arme. Alle frieren. Wunderbar, dass sie rechtzeitig fertig geworden sind, bevor es finster wird. Jetzt nichts wie heim in die geheizten Kinderzimmer. Dort warten heiße Limonaden und spannende Computerspiele. Sie stürmen davon in alle Richtungen. Der Junge mit dem roten Anorak prescht um die Kurve, vorbei an einer Gartenmauer und knallt gegen eine dick vermummte Gestalt, die sich den Schal hoch übers Kinn gezogen hat. Er erkennt sofort, in wen er da hineingerannt ist. Das ist Frau Goldig, die Mama von Robert, der in die dritte Klasse geht, eine Schulstufe über ihm. Er entschuldigt sich und will weiter laufen. Aber Nathalie Goldig hält ihn zurück, fragt ihn, ob er Robert gesehen habe. Der Junge fährt sich mit dem Anorakärmel über die rinnende Nase und nickt. Ja, vor etwa einer halben Stunde. Da sei er bei ihnen vorbeigekommen. Sie hätten Robert gefragt, ob er mithelfen wolle, den Schneemann zu bauen. Aber er meinte, er müsse ein großes Abenteuer bestehen und habe ihnen mit dem Laserschwert gedroht. Das mit dem Drohen war nur Spaß, das hätten sie schon kapiert. Wo denn der Robert dann hingelaufen sei, will die Frau wissen. Das habe er nicht genau gesehen. Aber er glaube, ans Ende der Siedlung in Richtung Weiher.

Der kleine Mann bemerkt, wie die Frau mit der Pudelmütze und dem hochgezogenen Schal erschrickt. Vielleicht hätte er Robert nicht verraten sollen. Der bekommt jetzt sicher Schelte. Seine Mama erlaubt ihm auch nicht, dass er die letzten Häuser der Siedlung verlässt und hinunter zum Weiher läuft. Auch nicht im Sommer. Obwohl er schon schwimmen kann. Doch auch in den Ferien darf er nur in Begleitung seines älteren Bruders zum Weiher. Und im Winter überhaupt nicht. Denn es besteht die Gefahr, dass man im Eis einbricht und im kalten Wasser ertrinkt.

Das hat ihm sein Vater sicher hundertmal erklärt.

Das elfte Türchen zeigt uns eine ***Schere*** *…*

… die hat ein Mann in der Hand, den wir vorhin schon kennengelernt haben. Es ist der Fahrer des kleinen Lastwagens. Aber seine Fröhlichkeit ist dahin. Weggeblasen wie das Stück Papier, das der scharfe Nordwind kurz zuvor um die Ecke der Lagerhalle gefegt hat. Ein heftiges Stöhnen ist aus dem Mund des Mannes zu vernehmen. Er hat große Schmerzen. Mit zitternder Hand schneidet er eines der Verbandspäckchen auf, holt die sterile Kompresse heraus und drückt sie auf die Wunde. Dann durchwühlt er die kleine Sanitätstasche aus dem Handschuhfach nach Verbandtüchern und Heftpflaster. Karsten Morchler flucht. Er muss auf der Stelle von hier weg. Sein Ziel ist Prag. Das sind knapp 400 Kilometer, zum Teil auf schlechten Straßen. Ein Krankenhaus anzusteuern, wäre weitaus klüger. Aber dort hat man Aufnahmeformulare auszufüllen. Dort werden Ausweise verlangt und Fragen gestellt. Und das kann Karsten Morchler jetzt nicht gebrauchen. Er startet den Motor. Es ist höchste Zeit, loszufahren.

Das zwölfte Türchen zeigt uns eine ***Krähe*** *…*

… die hockt auf einem Stapel großer verrosteter Rohre, die an einer hohen Mauer gestapelt sind. Die Mauer führt um ein großflächiges Grundstück. Die alten Eisenrohre sind schon vom Zahn der Zeit angenagt, von Rost in Mitleidenschaft gezogen. Aber das sieht man jetzt nicht. Eine dicke, festgefrorene Schneedecke hat sich über die

Metallzylinder gelegt. Der Rest des Tageslichts schwindet schnell. Tiefe Dämmerung beginnt sich über dem Areal auszubreiten. Aus der Ferne tauchen zwei Schemen auf. Zwei Gestalten, die immer wieder stehen bleiben, rufen und lauschen. Dann hetzen sie weiter. Auch wenn es schon sehr dunkel ist, kann die Krähe die beiden Gestalten gut ausmachen. Krähen sehen viel besser als Menschen. Diese Rabenvögel gehören zu den intelligentesten Tieren, lernen schnell. Und sie wissen auch, wenn Menschen auf sie zulaufen und hohe Schreie ausstoßen, dann bedeutet das nichts Gutes. Bevor die beiden Figuren aus der wachsenden Dunkelheit ihr zu nahe kommen, hebt die Krähe lieber ihre Schwingen und sucht mit ein paar raschen Flügelschlägen das Weite. Nicht ohne vorher die Rufe der Zweibeiner mit einem lauten Krächzen zu quittieren. Nathalie Goldig zuckt erschreckt zusammen, als der schwarze Schatten aus der Dämmerung auftaucht und mit krächzendem Schrei über ihre Köpfe hinwegsegelt. Seit einer halben Stunde läuft sie wie eine Verrückte durch die Gegend und brüllt den Namen ihres Sohnes. An jeder Tür hat sie geläutet, jeden Passanten hat sie aufgehalten. Aber niemand hat Robert gesehen. Caroline Salman hat sich ihr angeschlossen. Gott sei Dank ist Harald, der Sohn der Chefinspektorin, früher vom Nachmittagsunterricht zurückgekommen. So kann er sich um Hedwig kümmern, während sie Nathalie bei der Suche hilft. Am Weiher sind die beiden Frauen schon gewesen. Soviel man vom diesseitigen Ufer aus sehen konnte, führten keine Spuren auf die zugefrorene Wasserdecke. Doch das jenseitige Ufer ist kaum zu erkennen. Man kann es auch schwer erreichen. Sie laufen an der Mauer entlang, von der sie beide nicht wissen, was sich dahinter befindet. Das Areal ist ziemlich abgelegen, von ihrer Wohnsiedlung aus nicht einzusehen. Sie haben auf ihrem Weg immer wieder versucht, über die Begrenzung des Grundstücks zu blicken. Aber die Mauer ist zu hoch. Jetzt sind sie am Platz der eingeschneiten Rohre angelangt, von dem die Krähe hochgeschreckt ist. Carola Salman ergreift die Gelegenheit, die sich durch die übereinandergestapelten Metallgebilde bietet. Sie klettert an den vereisten Teilen hoch. Zweimal gleitet sie ab, weil die gefrorene Schneedecke rutschig ist. Dann ist sie oben und kann über den Rand der Begrenzungsmauer blicken. Sie sieht den verkrümmten Körper auf der anderen Seite sofort. Auch wenn die Finsternis schon stark zugenommen hat, hebt sich der reglose dunkle Körper deutlich vom weißen Untergrund ab. Sie ruft ihrer Nachbarin zu, hier zu warten, und zieht sich an der Mauer hoch. Chefinspektorin Carola Salman ist in guter Verfassung. Sie ist Schwarzgurtträgerin und Polizeimeisterschaftserste in der koreanischen Kampfsportart Taek Won Do. Sie verfügt über einen durchtrainierten Körper. Der Sprung aus einer Höhe von über drei Metern bereitet ihr kein Problem. Elegant federt sie die Wucht des Aufpralls ab, geht in die Hocke, richtet sich schnell wieder auf und läuft auf die Gestalt zu, die etwa 20 Meter vor ihr im Schnee liegt. Dahinter ist ein lang gestrecktes Gebäude mit großen Toren auszumachen. Die Polizistin kniet neben dem reglosen Körper nieder. Gott sei Dank, es ist nicht Robert. Die Größe hätte auch nicht gepasst. Das hat sie schon beim Heranlaufen bemerkt. Sie tastet nach der Halsschlagader der Person, spürt keinen Puls. Die Haut fühlt sich eiskalt an.

Langsam dreht sie den Körper um. Im spärlichen Licht, das der Schnee zurückwirft, erkennt sie das Gesicht eines jungen Mannes. Mitte 20, schätzt sie. Die Augen sind starr. Am Haaransatz klafft eine tiefe Wunde. Blut hat sich über das Gesicht des Mannes verteilt, ist eingefroren. Auch der Schnee unter seinem Kopf ist dunkel. Die Chefinspektorin zieht das Handy aus ihrer Jackentasche. Mit fast steif gefrorenen Fingern wählt sie die Nummer ihrer Dienststelle und meldet den grausigen Fund. Ihr Kollege Otmar Braunberger ist noch an seinem Arbeitsplatz. Er setzt die Maschinerie der polizeilichen Ermittlung in Gang. Die Chefinspektorin läuft zum großen Eisentor, das die Einfahrt versperrt. Sie untersucht die Einfassung an der Mauer, entdeckt den kleinen Schaltkasten. Mit dem Schweizermesser, das sie in ihrer gefütterten Armyjacke immer dabei hat, sprengt sie den Deckel ab. Sie drückt auf den roten Knopf. Das Tor gleitet langsam zur Seite. Sie ruft nach Nathalie Goldig, geht ihr ein paar Schritte entgegen. Sie berichtet, was sie entdeckt hat, und beruhigt zugleich die zitternde Frau, dass es sich bei dem Toten nicht um Robert handelt. Sie selbst müsse jetzt am Tatort bleiben. Sie bittet die Nachbarin, ein wenig Geduld zu haben und zu warten. Alleine würde sie in der Dunkelheit nicht viel ausrichten können. Aber die Kollegen werden bald da sein. Die Chefinspektorin hat zusätzliche Einsatzkräfte angefordert, die Nathalie bei der Suche nach Robert unterstützen werden. Die Nachbarin nickt. Sie zittert heftig. Wegen der Kälte und wegen der Angst um ihr Kind. Die verrinnenden Sekunden kommen ihr vor wie eine Ewigkeit. Nach nicht einmal zehn Minuten tauchen die ersten Einsatzfahrzeuge der Polizei mit

Blaulicht auf. Bald darauf folgen das Ermittlerteam und die Tatortgruppe. Die Arbeit wird aufgeteilt. Kommissar Martin Merana, Otmar Braunberger, der Polizeiarzt und das Team der Spurensicherung kümmern sich um den Tatort und die Leiche. Die Chefinspektorin koordiniert mit den übrigen Kollegen die Suche nach dem vermissten Buben.

Das dreizehnte Türchen zeigt uns ein ***Herz*** *…*

… aus rotem Metall. Es hängt an einem Band, das Luke Skywalker um den Hals trägt. Ringsum ist Dunkelheit. Keine Spur von Licht ist auszumachen. Nur die Augen des Katers glimmen schwach in der Finsternis. Kinderhände krallen sich am Fell fest. Zähne klappern. Unentwegt. Ein erbärmliches Wimmern dringt bis zu den wachsam aufgestellten Lauschern der Katze. Ein nicht zu unterdrückendes Weinen kommt aus dem Mund des Kindes. Es ist kalt. Furchtbar kalt.

Das vierzehnte Türchen zeigt uns einen ***Taler*** *…*

… bei dem ist eine große **1** auf der goldenen Vorderseite auszumachen. Der kreisrunde Rand der Münze weist feine Verzierungen auf. Neben der Ziffer ranken sich links und rechts gezackte Blätter. Der Taler liegt im Schnee. Thomas Brunner, der Chef der Spurensicherung der Salzburger Kriminalpolizei, hat ihn entdeckt. Vorsichtig hebt er die Münze mit einer Pinzette hoch. Auf der Rückseite des Talers prangt der Kopf einer Frau im Profil. Brunner zeigt seinen Fund dem Kommissar. Ein weiterer Mitarbeiter aus dem Team schießt ein Foto von beiden Seiten der Münze. Dann steckt Brunner das alte Geldstück vorsichtig in eine Plastikhülle. Der Polizeiarzt hat die Handschuhe ausgezogen, um besser arbeiten zu können. Immer wieder haucht er heißen Atem auf die steifen Finger. Seinem ersten Eindruck nach vermutet der Arzt, dass der Tote noch nicht lange hier liegt. Vielleicht zwei oder drei Stunden. Der junge Mann hat keine Papiere bei sich, auch keine Brieftasche. Das einzige äußere Erkennungsmerkmal ist ein Tattoo auf der rechten Hand. Es hat die Form eines achteckigen Sternes. Auch von der Tätowierung werden Aufnahmen gemacht und per Handy an die Kollegen in der Polizeidirektion geschickt. So eine markante, gut sichtbare Zeichnung muss ja irgendjemandem aufgefallen sein. Die vielen kleinen Räder des Ermittlungsapparates beginnen zu laufen. Während Abteilungsinspektor Braunberger weiterhin die nähere Umgebung des Tatorts untersucht, gibt Kommissar Merana kurze Anweisungen per Telefon. Es gilt, möglichst rasch herauszufinden, wem das Grundstück mit der großen Halle gehört, auf dem sie sich befinden. Beamte in der Polizeidirektion greifen mit ihren Computer-Abfrageprogrammen auf die entsprechenden amtlichen Dateien zu: Grundbuchregister, Liegenschaftspläne, Handelsverzeichnisse. Die Antworten kommen bald. Und sie sind wenig erfreulich. Man findet den Namen einer Firma. Dahinter den Namen einer Stiftung. Dahinter den Namen einer weiteren Firma.

Die gewonnenen Informationen ergeben einen undurchsichtigen Kreis an mageren Fakten. Eine Adresse in Liechtenstein. Eine nächste in Hongkong. Eine übernächste in Panama. Eine weitere auf einer Insel in der Karibik. Kommissar Merana ist höchst unzufrieden. Mit dem Abfragen behördlich bekannter Daten würden sie nicht weiter kommen. Das konnte Wochen dauern. Was hat es mit diesem großen Gebäude auf sich, das auf einem schwer einsehbaren Gelände liegt, dessen Eigentümer sich hinter verworrenen Firmenkonstruktionen verstecken? Was verbirgt sich hinter den fest verschlossenen Türen der Halle? Man müsste nachschauen, aber ohne richterliche Verfügung ist nicht viel auszurichten. Der Abteilungsinspektor baut sich vor seinem Chef auf, fragt mit schelmischem Blick, ob dieser nicht auch hinter den abgedunkelten Fenstern des großen Gebäudes das Zucken von Flammen bemerke. Ja, das könne er bestätigen, erwidert der Ermittlungsleiter der Salzburger Kriminalpolizei. Jetzt, wo der Abteilungsinspektor ihn darauf hinweise, könne er sogar sehr deutlich hellen Schein hinter den Fenstern wahrnehmen. Und wenn er seiner Polizistennase vertraue, dann rieche er sogar Rauch. Wie zur Bestätigung schnüffelt der Kommissar ein paar Sekunden demonstrativ in der klaren geruchfreien Nachtluft. Na, wenn das so ist, fügt der Abteilungsinspektor hinzu, dann seien sie ja geradezu verpflichtet, rasch zu handeln. Denn man wisse ja nicht, ob sich hinter den verschlossenen Toren der Halle, in der sie gemeinsam eindeutige Anzeichen von Feuer feststellen, nicht Menschen in großer Gefahr befinden. Dem stimmt der Kommissar zu und erteilt zwei Beamten einen Befehl. Diese eilen zu den Fahrzeugen der Tatortgruppe und holen von dort große Kneifzangen und Brecheisen. Sie sprengen die Schlösser der Metalltüren und leuchten in die Halle. Hunderte von

Kisten und Kartons zeigen sich den Blicken der Beamten. In den Behältern entdecken die Polizisten Waren unterschiedlichster Art: Markenmodelle von Kleidungsstücken, Handtaschen, Schuhen, Sonnenbrillen. Dazu elektronische Geräte, riesige Ladungen an Medikamenten, Modeschmuck und Uhren.

Chefinspektorin Carola Salman koordiniert zur selben Zeit die Suche nach Robert. 22 Beamte durchkämmen die Gegend, schauen hinter Holzstöße und Verschläge, stochern in Gebüschen, durchsuchen Gärten und Garagen, läuten an Türen, befragen Passanten. Jeder Polizist hat zwei Porträtaufnahmen des Neunjährigen auf seinem Handy. Roberts Mutter Nathalie hat sie aus dem Bildspeicher ihres Smartphones hochgeladen und weiter geschickt. Die Beamten zeigen jedem, der ihnen bei den Nachforschungen begegnet, das Foto des Jungen. Viele aus der Nachbarschaft kennen Robert. Aber niemand hat eine Ahnung, wo der Bub abgeblieben ist. Die Minuten verrinnen. Die Temperatur sinkt. Nathalies Mutter beteiligt sich mit zunehmender Verzweiflung an der Suche. Immer wieder schreit sie den Namen ihres Sohnes hinaus in die Dunkelheit. Doch es zeigt sich bisher keine Spur. Sie werden die Suche ausdehnen müssen. Die Zeit drängt. Es wird immer kälter.

Das fünfzehnte Türchen zeigt uns eine ***Puppe*** *…*

… sie hat helles Haar, das zu Zöpfen geflochten ist. Die Augen der Puppe sind aus winzigen Glasperlen und blitzen im Licht. Das rote Kleid hat am Kragen blaue

Rüschen. Die zierlichen Füße stecken in gehäkelten kleinen Schuhen. Das Mädchen mit der weißen Masche drückt die Puppe fest an sich. Gibt ihr einen Kuss auf die roten Filzlippen, streichelt mit der Hand sanft über die Zöpfe. Ihre große Schwester hat die Puppe mitgebracht. Zum ersten Mal seit vielen Tagen hat sich ein Hauch von Lächeln in das schmale Gesicht der Fünfjährigen geschlichen. Ein Funkeln ist in die müden, vom Weinen ausgelaugten Augen gekrochen. Die eingefallenen Wangen haben eine Spur von Röte bekommen. Es ist still in dem kleinen Raum, der nur ein Fenster hat. Shimuh hebt ihre Stimme. Sie erklärt, sie werde bald in der neuen Fabrik anfangen. Ein Husten dringt aus der Ecke, wo die Großmutter auf einer Pritsche liegt. Die alte Frau ist besorgt. Sie will nicht, dass ihre Enkeltochter in der Fabrik arbeitet.

Shimuh beruhigt die Großmutter, legt ihr ein feuchtes Tuch auf die erhitzte Stirn.

Die Sicherheitsvorkehrungen in der neuen Fabrik seien gut, erklärt sie, viel besser als anderswo. Sie wird Puppen nähen. Und Puppenkleider. Auch Stofftiere. Vielleicht sogar Jeans, Turnschuhe und Blusen. Sie sieht die Großmutter nicht an, während sie das sagt. Die ganze Zeit über hat sie ihrer kleinen Schwester über das Haar gestreichelt. Das Kind herzt immer noch die Stoffpuppe, die es von Shimuh bekommen hat. Dann geht die Kleine hinaus. Sie hockt sich vor der Hütte auf die erste Stufe der Treppe und legt die Puppe neben sich. Sie fasst sich an den Saum ihres dünnen Kleides und hält ihn hoch. Sie blickt zum Himmel. Wartet. Betrachtet angestrengt die großen blauen Flecken zwischen den hellen Wolken.

Ihre Arme werden müde, aber sie blickt weiter unentwegt nach oben. Die Großmutter hat ihr von einem Mädchen erzählt, das arm war. Eines Tages setzte sich das Mädchen auf einen Stein. Es fasste die Zipfel seiner Schürze und breitete das Gewand auseinander. Da fielen Kirschblüten aus Silber vom Himmel. Das Mädchen hat sie alle eingesammelt und in der Schürze nach Hause getragen. Das Glück ist eingekehrt. Die Kleine mit der Masche im Haar schaut immerzu nach oben. Der Nacken tut ihr weh, die Augen brennen. Keine einzige silberne Kirschblüte ist zu sehen. Nur ein kleiner grüner Schmetterling, der mit müden Flügelschlägen vorbeiflattert.

Das sechzehnte Türchen zeigt uns ein ***Handy*** *…*

… dieses Handy hält sich die Chefinspektorin ans Ohr. Als sie es wieder herunternimmt, muss sie sich selbst eine Eselin schelten. Warum kommt sie erst jetzt darauf? Sie hätte die Idee doch schon viel früher haben können. Sofort fragt sie ihre Nachbarin, ob Robert nicht ein Handy dabei habe. Auch wenn das Telefon jetzt ausgeschaltet sei oder der Akku leer wäre, könne man vielleicht mittels Mobilfunkzellenortung Roberts letzten Standpunkt ermitteln. Nathalie ist verzweifelt. Sie schüttelt den Kopf. Nein, ihr Sohn habe kein Handy. Sie wäre bisher strikt dagegen gewesen. Robert sei ihr andauernd mit der Bitte nach einem Smartphone in den Ohren gelegen. Sie habe entschieden, ein eigenes Handy für einen Neunjährigen sei noch zu früh. Im Stillen gibt ihr Carola recht. Rein pädagogisch betrachtet sprechen sicher viele

Gründe für Nathalies Haltung. Nur jetzt im speziellen Fall wäre es garantiert hilfreich, hätte Robert sein Handy bekommen.

Das siebzehnte Türchen zeigt uns einen ***Schlitten*** *…*

… der hell erleuchtet vor einem großen Haus steht. Neben zwei verschneiten Tannen und einem Zwerg, die ebenfalls im goldfarbenen Licht erstrahlen. Ein kleines Mädchen im dicken violetten Thermoanorak hüpft aufgeregt im Garten herum und versucht, das leuchtende Gefährt zu besteigen. Ein älterer Mann hebt das Mädchen hoch und hilft ihm dabei, auf die Sitzbank des Schlittens zu gelangen. Die Kleine jauchzt. Ihre Augen strahlen mit den Lichtergirlanden um die Wette, die in leuchtenden Bahnen vom Balkongeländer der eleganten Villa bis zum Terrassenboden hängen. Die Kleine streckt die Arme hoch, und der Mann hilft seiner Enkeltochter wieder aus dem gläsernen Schlitten. Da wird seine Aufmerksamkeit von einem Polizeiauto abgelenkt, das sich rasch über die lange Einfahrt des großen Anwesens dem Haus nähert. Er kennt den Beamten, der aus dem Wagen steigt und auf ihn zustapft. Seine Enkeltochter auf dem Arm begrüßt der Mann den Ankommenden und fragt ihn, ob dieser ihm wieder ein nachtdunkles Sakko aus einer italienischen Designerwerkstatt verkaufen wolle. Abteilungsinspektor Otmar Braunberger verneint. Er bittet den Besitzer des Anwesens, das Gespräch drinnen fortsetzen zu dürfen. Er brauche dringend dessen Hilfe. Milan Stabitsch stellt seine Enkeltochter zurück auf den Boden und führt die Kleine an der Hand. Der Polizist folgt ihm in die Villa. Eine Tasse des angebotenen heißen Tees nimmt Otmar Braunberger gerne an. Auf den Jamaikarum als Beigabe verzichtet er. Der Abteilungsinspektor berichtet von dem getöteten jungen Mann, den sie auf dem Grundstück gefunden haben. Er erzählt von den Waren in der aufgebrochenen Lagerhalle, von dem undurchsichtigen Firmengeflecht, das sich hinter den Eigentümern des Areals verbirgt. Er bittet Milan Stabitsch um dessen Hilfe, da sie auf offiziellem Weg nicht schnell genug vorankämen. Der Hausherr leert einen Guss Rum in seinen Tee. Dann führt er die Tasse langsam zum Mund. Die immer noch jugendlich wirkenden hellwachen Augen in dem faltigen Gesicht fixieren den Beamten. Es falle ihm kein Grund ein, warum er der Polizei helfen solle, entgegnet er der Bitte seines Gegenübers. Soviel er sich an die letzte gemeinsame Begegnung erinnern könne, seien sie beide jetzt quitt, was das Ausgleichen eventuell ausstehender Gefälligkeiten anbelange. Der Abteilungsinspektor nickt. Dann schaut er auf das kleine Mädchen, das auf dem teuren Teppich des Salons sitzt und mit zwei Puppen spielt. Schließlich richtet er seinen Blick wieder auf den Hausherrn. Es habe sich noch etwas ereignet in unmittelbarer Nähe zum Grundstück, auf dem der ermordete junge Mann im Schnee gefunden wurde. Ein neunjähriger Bub werde vermisst. Vielleicht bestehe ein Zusammenhang zwischen den beiden Vorfällen. Dann wendet sich der Abteilungsinspektor wieder dem Kind zu, das sich jetzt glucksend über den flauschigen Teppich wälzt, die beiden Puppen fest im Arm. Auch Milan Stabitsch blickt zu seiner Enkeltochter. Er hätte sich nie gedacht, dass jemals ein menschliches Wesen an sein Herz rühren könnte. Und dann hatte er im Neonlicht einer Geburtsklinik dieses kleine Geschöpf auf dem Arm gehalten. Er stellt die Tasse auf den Tisch, erhebt sich langsam aus dem Stuhl und geht hinüber in sein mit nur wenigen Möbeln eingerichtetes Büro, um zu telefonieren.

*Das achtzehnte Türchen zeigt uns einen **Mond** …*

… der als hell leuchtende Sichel am klaren Nachthimmel glitzert. Seine Farbe ist silbrig mit einem Schimmer von Blau. Nicht ganz so blau wie die Lichter, die sich weit unterhalb der Mondsichel auf den Dächern der zahlreichen Einsatzfahrzeuge drehen.

Nicht weit davon entfernt tasten sich die Scheinwerfer eines Kleinlasters durch die Nacht. Am Steuer sitzt ein Mann, dessen Stirn von Schweiß glänzt. Karsten Morchler hat Schmerzen. Starke Schmerzen. Er ärgert sich. Zum wiederholten Male fragt er sich, warum ausgerechnet jetzt alles schiefzulaufen drohe. Bisher ist jede seiner Unternehmungen gut gegangen. Vor zehn Jahren lernte er den Mann mit dem unaussprechlichen Namen kennen. Den Namen hat er längst vergessen, aber nicht das kleine italienische Lokal, in dem sie ihre Abmachung fixierten. Per Handschlag. Keine schriftlichen Aufzeichnungen. Das war von Anfang an festgeschmiedete Grundlage des Geschäftes. Die Organisation, zu der ihm der Mann die Verbindung herstellte, versteht in diesem Punkt keinen Spaß. Die Regeln sind klar. Wer dagegen verstößt, findet sich in der Gosse wieder. Mit einer Kugel in der

Stirn. So wie der Bulgare, der meinte, der Polizei einen Tipp zu geben, damit die ihm helfe, aus den eingegangenen Verpflichtungen wieder herauszukommen. Daran würde Karsten Morchler nicht einmal im Traum denken. Das Geschäft, dem er nachgeht, ist einfach durchzuführen und nach wie vor sehr ertragreich. In regelmäßigen Abständen kommen Waren aus Übersee an, treffen in verschiedensten europäischen Häfen ein, landen schließlich auf schwer nachvollziehbaren Wegen in diversen Lagerhallen. Bei den Waren handelt es sich um Billigprodukte, die durch geschickte Manipulation zu Markenartikeln veredelt werden. Was mit den Waren nach der Übergabe an die Empfänger passiert, interessiert Karsten Morchler nicht. Er ist nur der Zusteller. Er holt die Ware ab und bringt sie zu einem festgesetzten Ort. Seine Aufträge bekommt er von einem Verbindungsmann, dessen Gesicht er nie gesehen hat. Jede Anweisung wird per Telefon erledigt. Die Nummer des Anrufers ist jedes Mal unterdrückt. Mehr braucht Karsten Morchler über die Hintergründe des Geschäfts nicht zu wissen. Aber die Gewinnspanne muss hoch sein, wenn er daran denkt, wie viel allein er pro Fuhre einstreicht. Natürlich ist Karsten nicht dumm. Er kann auch zwei und zwei zusammenzählen. Er weiß, was allein die Markenklamotten in den Geschäften an Ertrag bringen. Er kennt auch einige der ständig wechselnden illegalen Märkte, in denen man gefälschte Luxusartikel noch billiger erstehen kann als in offiziellen Läden. Alle, die an den einzelnen Schnittstellen dieses Geschäftsvorganges mitwirken, verdienen gut. Vom Zöllner, der die Hand aufhält und dafür wegschaut, über die Transporteure und Händler bis hin zu den Leuten im Hintergrund der Organisation. Für die Chefs an der Spitze, da ist sich Karsten sicher, fällt der allergrößte Brocken ab. Soll die Gewinnspanne hoch sein, muss man die Herstellungskosten niedrig halten. Dieses simple Geschäftseinmaleins versteht jedes Kind. Gott sei Dank gibt es genug Asiaten. Karsten lacht, wenn er an die vielen Schlitzaugen denkt. Das Lachen bereitet ihm Schmerzen. Er beißt sich auf die Lippen, während er den Lastwagen über die verschneite Fahrbahn lenkt. Wie viele Gelbgesichter da im Fernen Osten tatsächlich herumlaufen, weiß er nicht genau. Aber es werden wohl einige Milliarden sein. Gut so. Das sind billige Arbeitskräfte. Die stellen wenig Ansprüche, wie man weiß. Fällt einer um, stehen schon zehn andere bereit, die nur darauf warten, an dessen Stelle zu kommen. Für Hungerlöhne machen die alles.

Er entdeckt den Mond am klaren Himmel. Die gebogene Kralle erinnert ihn an die Mondsichel auf dem Hochaltar der kleinen Kirche. Die barocke Gottesmutter hat den Fuß auf die Sichel gestellt. Sie thront auf einer Kugel, hält das Jesuskind auf dem Schoß. Über ihr schweben Engel. Der eigentliche Schatz dieser Kirche ist aber die kleine Statue der Heiligen Margarethe auf dem Seitenaltar. Sie stammt aus dem frühen 13. Jahrhundert. Die Alarmanlage in der Dorfkirche auszuschalten, war nicht das Problem. Darin hat er inzwischen Übung. Doch es war nicht damit zu rechnen, dass der alte Trottel von Pfarrer noch einmal in der Sakristei auftauchte. Blöd gelaufen. Für den Kuttenträger, nicht für ihn.

Sein Fuß schnellt auf die Bremse. Die Räder blockieren. Ganz kurz schlingert der Lastwagen auf der glatten

Straße, dann kommt er zum Stehen knapp vor dem Heck eines kleinen hellgrauen Kombis. Die Fahrbahn führt leicht bergan. Ein Stau hat sich gebildet. Er entdeckt die Blaulichter, die in der Entfernung rotieren. Ein Polizeiauto mit Signalhorn fährt an ihm vorbei. Er flucht, hämmert mit der Hand auf das Lenkrad. Eine Polizeikontrolle kann er jetzt nicht brauchen. Er hört die Sirene eines Rettungswagens. Er greift zur Box der Autoapotheke, wirft sich noch ein Schmerzmittel ein. Dann nimmt er das Handy mit der aktivierten Navifunktion. Er vergrößert mit den Fingern die Grafikfläche, kontrolliert die Umgebung. Er hat Glück. 150 Meter vor ihm geht rechts eine kleine Straße weg. Von der zweigt wiederum nach fünf Kilometern ein Weg ab, der über eine bewaldete Anhöhe führt. Das ist es, was er braucht. Nach fünf Minuten setzt sich die Kolonne langsam in Bewegung. Der Abstand zu den blinkenden blauen Lichtern wird geringer. Aber das Glück bleibt Karsten Morchler treu. Die kleine Straße kommt noch in genügend großer Entfernung vor der Unfallstelle. Auch einige andere Autofahrer biegen an der Abzweigung ab. Schon bald kann Karsten wieder Tempo aufnehmen. Die ersten paar Kilometer hat er noch einige Fahrzeuge vor und hinter sich. Als er den Weg nimmt, der zur bewaldeten Anhöhe führt, ist er allein. Die kleine Straße führt bald steil bergauf. Das Licht der Scheinwerfer fällt auf Bäume, die dicht beieinander stehen. Nach einigen Minuten hat er offenbar die Kuppe des kleinen bewaldeten Bergrückens erreicht. Die Straße führt wieder nach unten, fällt steil ab. Es ist nicht mehr weit. Wie das Navi am Handy anzeigt, müsste er nach etwa vier Kilometern auf die Hauptstraße treffen, die er vorhin verlassen hat. Er stöhnt auf. Der Schmerz im Bauch wird plötzlich unerträglich. Er tastet nach der Schachtel mit den Tabletten. Für einen Moment ist er abgelenkt. Er sieht das Reh, das plötzlich im Lichtkegel der Scheinwerfer auf die Fahrbahn springt, erst in der allerletzten Sekunde. Sein Fuß schnellt aufs Bremspedal. Der Wagen schert auf der vereisten Fahrbahn aus, verliert die Spur. Die Schnauze des Lasters driftet nach rechts, streift einen Baum. Dann wird das Gefährt nach unten gedrückt. Der Wagen verlässt die Straße und donnert zwischen den Bäumen den Abhang hinunter. Nach 50 Metern stoppt der Stamm einer großen Fichte das Fahrzeug. Der Airbag funktioniert nicht. Der Kopf des Fahrers wird nach vorne geschleudert. Der Aufprall am Rahmen, der die Windschutzscheibe hält, ist fürchterlich.

*Das neunzehnte Türchen zeigt uns einen **Weihnachtsmann** …*

… mit rotem Mantel, roter Zipfelmütze und einem Sack, aus dem Geschenke lugen.

Die Hände des Weihnachtsmanns halten die Sprossen einer Strickleiter fest. Die Leiter samt Weihnachtsmann hängt vom Balkon eines Holzhauses mit braunen Balken und einem Wetterhahn auf dem Dach. In diesem Haus wohnt ein Mann, der früher einmal bei der Forstverwaltung tätig war. Von seinem Balkon aus kann der ehemalige Beamte die Festung Hohensalzburg sehen. An diesem Abend präsentiert sich die Burg mit verschneiten Zinnen und Dächern. Die weißen Mauern der Festungsanlage werden von Scheinwerfern angestrahlt und heb sich gegen den dunklen Nachthimmel ab. Dort oben, au der mittelalterlichen Burg, war der pensionierte Forstbeamte heute Mittag. Weihnachtsmärkte gibt es innerhalb und rundum von Salzburg viele. Aber der Mann aus dem Holzhaus liebt ganz besonders den kleinen Markt im Innenhof der Festung. Einen Baukran aus Holz hat er heute erstanden, als Weihnachtsgeschenk für seinen Enkelsohn. Dazu ein Weihnachtsgesteck und einen Korb mit roten Äpfeln. Die Äpfel liegen längst in einer Auflaufform. Er hat die Kerngehäuse mit einem Messer entfernt und die Höhlungen mit Butter, Mandeln, Rosinen und Zwetschgenmarmelade gefüllt. Dann hat er die Backform auf die Wärmeplatte des Kachelofens gestellt. Dort dauert es zwar viel länger als im Backrohr, bis die Äpfel gar sind. Aber dafür verbreitet sich der wunderbare Duft im ganzen Haus. Jetzt muss er noch einmal hinaus, um Holz aus dem Schuppen im Garten zu holen. Er ist erstaunt, als er ins Freie tritt. Am Gartentor stehen zwei Frauen. Die eine stellt sich als Chefinspektorin vor und zeigt ihm ihren Dienstausweis. Einen Vorfall mit einem Toten auf dem abgelegenen Gelände der Lagerhalle habe es gegeben, erfährt er. Auch ein neunjähriger Junge werde vermisst. Er betrachtet das lächelnde Bubengesicht auf dem Display des Handys, das ihm die Polizistin hinhält. Nein, er hat weder den Buben gesehen noch sonst etwas bemerkt. Die Beamtin bedankt sich. Die andere Frau hat den Schal bis über die Nase gezogen. Ihre Augen sind angefüllt mit Tränen. Er öffnet die Tür des Verschlags und bückt sich nach dem ersten Holzscheit. Dann erinnert er sich. Als er bei Einbruch der Dämmerung mit seinem Benno unter-

war, und der kleine Foxterrier bei jedem zweiten eehaufen das Bein hob, um sein Geschäft zu verrich-, ist ihm doch etwas aufgefallen. Er lässt das Scheit fal-n und eilt hinaus auf den verschneiten Weg vor seinem Garten. Er ruft die beiden Frauen zurück.

Das zwanzigste Türchen zeigt uns einen ***Engel …***

… der hat große helle Flügel und ein langes weißes Kleid, dessen Saum bis zum Boden reicht. Darunter blicken die Spitzen von Winterstiefeln hervor. Unter dem Kleid trägt der Engel Thermoskiunterwäsche und zwei Pullover. Die Ohren, über die langes goldenes Haar fällt, sind von einem Stirnband mit wärmendem Pelzeinsatz geschützt. Im Zivilberuf ist der Engel Angestellte an der juridischen Fakultät der Universität Salzburg und hat ein Türschild mit der Aufschrift *Sonja Berger/Sekretariat*. In der Weihnachtszeit ist Sonja Berger je nach Diensteinteilung auch noch Engel auf dem Salzburger Christkindlmarkt und verteilt ab dem späten Nachmittag kleine Geschenke und Programmfolder. Von den Stufen des Doms erklingt *Es ist ein Ros entsprungen, von einer Wurzel zart …* Die Töne werden von hellen Kinderstimmen durch die Nachtluft getragen. Die Salzburger Chorknaben und Chormädchen trotzen der Kälte und erfreuen schon seit einer halben Stunde die Besucher mit ihren Liedern. *… und hat ein Blümlein bracht, mitten im kalten Winter, wohl zu der halben Nacht …* Weihnachtsengel Sonja Berger drückt zwei Franzosen das mehrsprachige Konzertprogramm der nächsten Tage in die Hand. Den nächsten Folder hält sie einem Mann hin, der mit hochgeschlagenem Mantelkragen aber ohne Kopfbedeckung unter den Dombögen auftaucht. Die freundliche Begrüßung des Engels beachtet der Mann genauso wenig wie das bunte Programmblatt. Seine Augen blicken forschend über den Platz mit den vielen Hütten. Dann hat er offenbar gefunden, was er sucht. Der Mann setzt sich in Bewegung. In seiner Manteltasche steckt der Mailausdruck, den er kurz davor noch einmal aufmerksam studiert hat. Er hat sich genau eingeprägt, wie das vereinbarte Zeichen zu geben ist. Flache Hand über der geballten Faust. Er hält auf die Verkaufshütte zu, an deren Holzwand ein großer Stern hängt. Vor dem Laden stehen Kinder. Sie wühlen in Plastikkörben mit Krippenfiguren. Er ist nur mehr ein kleines Stück von der Hütte entfernt, als er aus den Augenwinkeln die beiden Polizisten in Uniform bemerkt. Abrupt bleibt der Mann stehen. Die Polizisten steuern direkt auf den Stand mit den Krippenfiguren zu. Sie halten dem Ladenbesitzer ein Bild hin, stellen Fragen. Der Mann mit dem aufgestellten Mantelkragen dreht sich um und verlässt den Christkindlmarkt. Anfangs geht er langsam, um nicht aufzufallen. Als er den Residenzplatz erreicht, beschleunigt er seinen Schritt.

Das einundzwanzigste Türchen zeigt uns ein ***Schaukelpferd*** *…*

… es ist aus braunem Holz. Die Griffe auf beiden Seiten des Kopfes sind rot gestrichen, so wie der Sattel. Die Mähne des kleinen Pferdes ist aus hellen Kordeln geflochten. Das Schaukelpferd steht zwischen den Bäumen. In Wirklichkeit steht es nicht dort. Das hat der Mann nur geträumt. Vor langer Zeit hat er genau so ein Spielzeugpferd vom Christkind bekommen. Es ist direkt unter dem Weihnachtsbaum im Wohnzimmer gestanden. Da war er drei Jahre alt. Mit vier ist er in ein Heim gekommen. Das Schaukelpferd durfte er nicht mitnehmen. Im Heim gab es zu Weihnachten auch einen Christbaum. Aber keine Geschenke. Karsten Morchler schreckt hoch, erwacht mühsam aus seiner Bewusstlosigkeit. Sein Kopf tut höllisch weh. Sein Bauch brennt wie Feuer. Er versucht, sich zu orientieren. Wo eben noch sein altes Schaukelpferd zwischen Bäumen aufgetaucht war, ragen nur mehr schattengleiche schwarze Stämme aus dem Schnee. Er sitzt in seinem Lastwagen. Es ist kalt. Er kann sich nicht bewegen. Der rasende Schmerz in seinem Körper treibt ihm die Tränen in die Augen. Die rechte Hand hält er an den Bauch gepresst. Die Finger sind feucht. Es gelingt ihm, mit der Linken an seine Jacke zu fassen. Er tastet den Grund der Tasche ab. Verdammt. Sein Glückstaler ist weg. Fetzen von Erinnerung flackern durch seinen Kopf. Die kleine Münze muss ihm herausgefallen sein, als er das Taschentuch aus der Jacke zog, um das Blut zu stoppen. Die Erinnerung wird deutlicher. Er sieht sich wieder auf dem Gelände der Lagerhalle stehen. Anfangs hat er den Schmerz nicht einmal gespürt. Es hatte Streit gegeben. Er sieht wieder das Messer in Davids Hand. Der Arm stößt zu. Da ist auch die Eisenstange, die neben ein paar alten Metallteilen auf dem Boden liegt. Er greift danach und schlägt zu. Erst dann nimmt er den Schmerz an der rechten Seite des Bauches wahr. David, dieser Idiot! Der den Hals nicht vollkriegte. Ständig wollte er mehr Geld. Dabei war das Zusatzgeschäft prächtig gelaufen. Anfangs waren es nur gefälschte Krippenfiguren gewesen, die David unbedarften Kunden aus Italien oder Amerika unterjubelte. Maschinell gefräste Billigware statt Handwerkskunst aus Lindenholz. Das brachte zwar nicht allzu viel ein, aber doch mehr als nur ein Taschengeld. Dann war ihm eine andere Idee gedämmert. Er ist viel herumgekommen in den letzten Jahren. Seine Fuhren brachten ihn quer durch Europa. Überall gibt es kleine Kirchen auf dem Land. Manche davon bergen wertvolle Kunstschätze. Er hat sich ein Netz aufgebaut. Übers Internet. Interessierte Kunden bekommen genaue Anweisung. Datum, Uhrzeit. Ort. Der Stand auf dem Salzburger Christkindlmarkt mit den Krippenfiguren und den Heiligenstatuetten ist der Umschlagplatz. An genau festgelegten Tagen, wann immer David Dienst hat. Ware gegen Geld. Man muss nur das vereinbarte Zeichen geben. Flache Hand über der Faust. Es lief gut. Für die Margarethenstatue hätten sie locker 20.000 Euro kassiert. Und dann zieht dieser bis obenhin zugekiffte Trottel vor der Lagerhalle plötzlich das Messer. In seinem Kopf verschwimmen die Bilder. Davids blutender Schädel und die roten Griffe am braunen Holzpferd, die kreisenden blauen Lichter von Polizeiwagen und die erschreckten Augen eines flüchtenden Rehs, das über die Fahrbahn hetzt. Die nächste Woge des Schmerzes, die durch seinen Körper rollt, raubt ihm die Besinnung.

Das zweiundzwanzigste Türchen zeigt uns eine ***Laterne****…*

… die im Schnee steht. Sie ist nicht sehr groß. Am Deckel hat sie einen schlichten Eisenring als Tragevorrichtung. Die kleine Lampe ist aus einfachem dunklen Holz gemacht. Sie steht auf der verschneiten Terrasse an der Rückseite der großen Villa. Man kann sie durch die Glastür vom Salon aus sehen. Das kleine Mädchen hat Otmar Braunberger bei der Hand genommen und zur Terrassentür geführt. Es deutet mit dem Finger hinaus. »Licht!« Der Abteilungsinspektor versteht. Er schiebt die Terrassentür auf. Ein Schwall kalter Luft weht herein. Die Kleine lässt Otmars Hand los und verschwindet. Kurz darauf ist sie zurück, hat Anorak und Stiefel an. Auf ihrem Kopf sitzt eine Teddybärenhaube. Sie steigt hinaus. Der Abteilungsinspektor folgt ihr, geht in die Hocke, öffnet die kleine Tür an der Holzlaterne. Mit dem Feuerzeug zündet er die weiße Kerze an. Das Mädchen klatscht begeistert in die Hände. »Licht!« Genau in diesem Augenblick läutet das Handy. Martin Merana berichtet von der Beobachtung eines pensionierten Forstbeamten, den Carola Salman eben getroffen hat. Der Mann hat bei Einbruch der Dunkelheit einen Kleinlaster gesehen, der das Gelände der Lagerhalle verließ. Der Pensionist kann sich auch noch an die Aufschrift an der Wagenwand erinnern. *Morchler Service.* Ein solches Unternehmen konnten sie bisher im Internet nicht ausfindig machen. Der Abteilungsinspektor nimmt die Kleine hoch, bringt sie zurück in den Salon und schließt die Tür. Dann geht er durch den Flur in Richtung Büro. *Morchler Service.* Vielleicht bringen die Kanäle, die Milan Stabitsch benutzt, einen Namen. Der Name könnte zu einer Handynummer führen. Wenn das Handy eingeschaltet ist, könnten sie es vielleicht orten. Dann würden sie den Besitzer des Telefons fragen, was er mit dem toten Mann auf dem Lagerhallenplatz im Westen von Salzburg zu tun hat.

Das dreiundzwanzigste Türchen zeigt uns ein ***Schwefelhölzchen*** *…*

Sie hält das Zündholz in der Hand, streicht damit über die raue Fläche der kleinen Schachtel. Ein feines Zischen ertönt, der Streichholzkopf flammt auf. Sie entzündet damit die Kerze. Sie wird das Licht hinübertragen zum steinernen Tor. Sie hat Angst. Vor den Polizisten, die vielleicht wieder mit den Knüppeln warten. Aber mehr noch hat sie Angst vor der Fabrik. Sie hat die Großmutter angelogen, um sie zu beruhigen. Die Sicherheitsmaßnahmen sind auch in der neuen Fabrik nicht gut. Das abgebrannte Schwefelhölzchen in ihrer Hand ist schwarz. Verkohlt wie die Reste der Fabrik auf dem Gelände hinter dem steinernen Tor. Dort haben ihre Eltern gearbeitet. Und 220 andere Menschen. Sie haben sieben Tage in der Woche Kleider genäht. Jeans. Turnschuhe. Hemden. Anzüge. Manchmal auch in der Nacht. Dann sind sie gar nicht heimgekommen, haben in der Fabrik geschlafen, im Keller, auf fauligen Pritschen. Vor einer Woche ist das Feuer ausgebrochen. Es war riesig. Wie mächtige gelbe Zungen sind die Flammenlohen in die Höhe geschossen. Der Rauch hat den Himmel geschwärzt. Nur 31 Menschen haben das Inferno überlebt. Ihre Mama und ihr

Papa waren nicht darunter. Die Sicherheitsvorkehrungen waren schlecht gewesen. So schlecht wie in vielen Fabriken in Bangladesh. So schlecht wie in der neuen Fabrik, in der sie in zwei Tagen zu arbeiten anfängt. Sie zittert, wenn sie an das Feuer denkt. Angst schnürt ihr den Magen zu. Sie will nicht in die Fabrik gehen. Aber es bleibt ihr keine Wahl. Sie muss sich jetzt um die Großmutter kümmern. Die ist alt und schwach. Und sie muss für ihre kleine Schwester sorgen, die sie über alles liebt. Die ist noch ein Kind und braucht Schutz. Sie selbst ist kein Kind mehr. Sie wird im nächsten Monat schon elf.

Das vierundzwanzigste Türchen zeigt uns das ***Kind*** *…*

… es liegt in einer Ecke. Eine große Tür schimmert im fahlen Licht des Mondes, das in schmalen Streifen durch die verschneiten Bäume fällt. Eine Polizistenhand tastet nach dem Griff, zieht fest daran. Aber die Tür lässt sich nicht öffnen. Eine zweite Polizistenhand hält ein Brecheisen, setzt es an einen Spalt. Weitere Hände greifen zu, drücken. Metall knirscht, das Eisen rutscht ab. Die Tür hält stand. Eine dritte Polizistenhand taucht auf, hält einen Ring, an dem ein Plastiktiger und drei Schlüssel baumeln. Der Tiger hat Blutflecken an seinem Plastikkopf. Einer der Schlüssel passt in das Schloss. Ein hässliches Kreischen ist zu hören, als die uniformierten Beamten die beiden Türhälften aufreißen. Zwei große Schachteln purzeln ihnen entgegen, plumpsen in den Schnee und bleiben an einem Baumstamm liegen. Der erste Polizist langt nach dem Griff an der Innenseite, zieht sich hoch, um auf die Landefläche zu kommen. Auch dort sieht er große Kartons, wild übereinander getürmt. Er versucht, über die erste Schachtel zu steigen. Ein heftiges Fauchen ist aus dem dunklen Inneren des Wagens zu vernehmen. Ein schwarzer Schatten fliegt auf den Polizisten zu. Eine Katze mit hellem Fleck über dem linken Auge landet auf der Schulter des Beamten und springt von dort ins Freie. Der zweite Polizist lässt die Brechstange fallen und versucht, die Katze zu fangen. Der erste Polizist knipst seine Taschenlampe an und lässt den Schein über das Schachtelwirrwarr im Wageninneren streichen. Der Lichtstrahl trifft auf eine Gestalt. Ein kleiner Körper liegt verkrümmt in der Ecke. Der Kopf ist auf unnatürliche Art zur Seite gedreht. Blut sickert unter der Rentiermütze hervor, rinnt über Stirn und Wange. Der Polizist ruft nach draußen. Funkgeräte werden aktiviert. Die Notrufmeldung erreicht die Dienststelle und wird augenblicklich weitergeleitet an die Einsatzzentrale des Roten Kreuzes. Der zweite Polizist setzt die Katze auf den Rücksitz des Streifenwagens und holt eine Decke aus dem Kofferraum. Er klettert zu seinem Kollegen in den Lastwagen. Der völlig steif gefrorene Körper des Kindes wird behutsam eingewickelt. Ein weiteres Polizeifahrzeug trifft ein. Die beiden neu angekommenen Kolleginnen helfen dem dritten Polizisten, den schwer verletzten Mann aus dem Führerhaus des Kleinlasters zu heben. Der helle Pullover ist auf der rechten Bauchseite völlig mit Blut durchtränkt. An der Stirn klafft eine breite Platzwunde. Der Mann ist nicht bei Bewusstsein, sein Atem ist schwach, aber er lebt. Die beiden Streifenwagen rasen mit dem schwerverletzten Mann und dem bewusstlosen Kind über den schmalen Waldweg, so schnell es der eisige Untergrund zulässt. Sie erreichen die offene Fläche am Fuß der bewaldeten Anhöhe. Dort kann der Rettungshubschrauber laden.

Die Ärzte kämpfen um das Leben des Kindes. Robert kämpft mit. Viele Stunden. Mehrere Tage. Die Waage neigt sich zwischendurch bedenklich. Dann tippt ein Engel mit seinem Lichtfinger auf die Waagschale. Und die Schale beginnt sich langsam zu heben.

Es ist hell um ihn, als Robert die Augen aufschlägt. Sein Kopf schmerzt. Der Mund ist trocken. Er hat Durst. Das Bild vor seinen Augen klärt sich nur langsam. Er sieht Gesichter. Da ist seine Mutter. Tränen rinnen ihr ungehindert über die Wangen, erreichen den Hals. Aber ihre Augen leuchten. Er sieht Hedwig, mit der er schon öfter gespielt hat. Sie hält Luke Skywalker im Arm. Daneben erkennt er das Gesicht von Frau Salman. Er beginnt sich zu erinnern. Die Bilder stellen sich ein. Klar wie auf einem Fernsehschirm. Er sieht den neugierigen Luke, stets zu Erkundungen aufgelegt. Mit mächtigem Satz hüpft er auf die verschneiten alten Rohre. Zwei weitere Sprünge, dann erreicht er den oberen Rand der Einfassung und verschwindet. Es bleibt Robert nichts anderes übrig, als hinterher zu klettern. Er lässt sich an der hohen Mauer nach unten gleiten, federt den Aufsprung ab. Er sieht den abenteuerlustigen Kater über den Platz flitzen und in der Ladeöffnung eines Autos verschwinden. Er muss Luke da rausholen, steigt in den Wagen, klettert über aufgestapelte Kartons. Dann hört er die Stimmen der Männer. Sie streiten. Laut. Böse. Er hat Angst, duckt sich mit Luke hinter eine der großen Schachteln im Inneren des Lasters. Dann ein Schrei. Gleich darauf hört er einen dumpfen Schlag. Und wieder ein Schrei. Er überlegt fieberhaft, wie er mit der Katze im Arm schnell hinausschlüpfen kann. Da werden die hinteren Flügeltüren des Lasters zugeworfen. Verschlossen. Er hört, wie die Fahrertür geöffnet wird. Jemand steigt ein, stöhnt und flucht. Das ist einer der beiden Männer. Die Angst würgt ihn. Er bekommt Panik. Der Wagen wird gestartet und fährt los. Der Motor ist laut. Die vorbeifahrenden Autos sind laut. Die Straße dröhnt. Alles ist laut. Aber sein Herz, das bis zum Hals schlägt, ist noch lauter. Er friert. Es ist furchtbar kalt. Er versucht, seine Finger zu bewegen, die Zehen, die Füße, die Arme. Aber er darf nicht viel Lärm machen. Er hat Angst, entdeckt zu werden. Er weiß nicht, wie lange sie gefahren sind. Es kommt ihm vor wie Stunden. Dann schleudert das Auto plötzlich zur Seite, kippt nach vorne und donnert abwärts. Er wird in die Ecke geworfen, kracht mit dem Kopf gegen hartes Metall. Dann ist es finster.

Mehr weiß er nicht. Und jetzt liegt er in einem großen Bett. Sein Kopf schmerzt. Noch etwas fällt ihm ein. Er darf nicht vergessen, sein Laserschwert zu holen. Das hat er in eines der großen Rohre gesteckt, bevor er über die Mauer kletterte. Er schaut wieder in die Runde. Es ist ihm gar nicht aufgefallen, dass inzwischen eine Krankenschwester im Zimmer ist. *Isolde* steht auf dem Namensschild an ihrer gestärkten Bluse. Dann blickt er wieder in das Gesicht seiner Mutter. Sie hat große dunkle Ringe unter den Augen.

»Du schaust müde aus, Mama.«

Schwester Isolde lächelt, richtet die Bettdecke. »Das

kommt davon, weil deine Mutter die ganze Zeit an deinem Bett gesessen hat. Du hast vier Tage geschlafen, Robert.« *Vier Tage?* Er rechnet nach. Dann ist heute ja der 24. Dezember! Heiliger Abend! Und er liegt hier in einem Krankenhaus! Verdammt. Er muss auf der Stelle heim. Er will am Abend den Christbaum sehen. Er freut sich auf die Kerzenlichter und das Funkensprühen der Sternspritzer. Und er muss dringend nachschauen, was unter dem Baum liegt …

RAUNACHT

21.12.

»Brava, Jutta! Bellissima!«

Das Gesicht des Regisseurs strahlte mit den hell funkelnden Weihnachtssternen um die Wette, die links und rechts der Eingangstür des alten Bauernhauses die Szenerie beleuchteten. Das italienische Fernsehteam war gerade dabei, das Licht für die Außenaufnahmen am *Göldnerhof* hoch über dem Salzachtal einzurichten.

Mauro Catana und sein Team waren seit zwei Tagen im Salzburger Land unterwegs.

Die Truppe produzierte für die RAI eine Dokumentation über weihnachtliche Bräuche in den Alpen. Jutta Ploch, Salzburger Kulturredakteurin einer überregionalen österreichischen Zeitung, war vom Team als Konsulentin engagiert worden. Alte Bräuche rund um Raunächte, Weihnachtszeit und Perchtentreiben gehörten in der Regel nicht zum Hauptinteresse der Journalistin. Ihr Metier waren eher die Salzburger Festspiele, klassische Musik und Theater. Aber Mauro Catana war ein alter Freund, und so hatte Jutta Ploch sich dazu überreden lassen, dem engagierten Fernsehprojekt als Beraterin zur Seite zu stehen, Kontakte herzustellen und auch bei Bedarf als Dolmetscherin aufzutreten.

»Ich habe dir schon im Sommer bei unserer ersten Besprechung gesagt, Mauro: Es gibt weit und breit kein schöneres Anwesen als diesen 400 Jahre alten Bauernhof. Mit den weißen Bergspitzen dahinter, dem Mondlicht und den verschneiten Tannen sieht das aus wie großes weihnachtliches Kitschkino. Besser kriegen die das in Hollywood auch nicht hin.« Das dröhnende Lachen des bärtigen Regisseurs hallte durch die Winternacht, brach sich an den Wänden der alten Scheune und kam als Echo zurück. Bei der Lautstärke dieser Heiterkeitsbekundung musste man Angst haben, dass sich nicht eine Lawine auf den Abhängen hinter dem Bauernhof löste.

»A sinistra!«, rief der Mann, der neben der Kamera stand und das eingefangene Bild auf einem kleinen Monitor kontrollierte. »A sinistra. Circa due metri.« Kameramann Carlo Tortello bewahrte einige internationale Auszeichnungen daheim in seiner Vitrine auf und arbeitete seit vielen Jahren mit Mauro Catana zusammen. Er deutete mit der Hand nach links, bis der große Scheinwerfer, der die Westseite des Bauernhauses bestrahlte, exakt ausgerichtet war. »Grazie, Edwin! So iste die Lichte wunderbar!«

Edwin Hiller nahm die Hand vom Scheinwerferstativ und drehte den erhobenen Daumen in Richtung Tortello. Mauro Catana nahm zu jeder Produktion zwar seinen eigenen Kameramann aus Italien mit, Licht- und Tonassistenten wurden samt Ausrüstung aus Kostengründen aber meist am Drehort angemietet. Edwin Hiller stammte aus der Gegend, war aber in Australien aufgewachsen. Dort hatte er bei einer Filmfirma gearbeitet. Vor einem halben Jahr war er in seinen Geburtsort zurückgekommen, um sich hier selbstständig zu machen. Sein Deutsch war ausgezeichnet, wenn auch mit leichtem Akzent. Der Job, den die Italiener ihm anboten, passte gut in sein Konzept.

»Come si chiama questa usanza …?« Der Regisseur wandte sich an die Journalistin. Die lächelte ihn an. »Mauro, du hast versprochen, deine eingerosteten Deutschkenntnisse aufzufrischen. Also, in tedesco, per favore!«

Wieder hallte eine dröhnende Lachsalve durch die Nacht. »Du biste sehr *rigida* mit mir, Jutta. Alora, wie iste die Name von diese … Rituale?«

»Dieser Brauch heißt *Lösseln.*«

»Lösellne …?«

Sie schmunzelte und sprach ihm den Namen noch einmal langsam und deutlich vor. »*Lösseln!* Es geht darum, in die Zukunft zu schauen. Die Bauersleute haben schon alles vorbereitet. Wenn wir dann im Haus sind, wirst du dieses Ritual schnell verstehen.«

Er nickte. Vorerst waren sie aber noch mit den Außenaufnahmen beschäftigt. Der Regisseur blickte zusammen mit der Journalistin auf den Monitor des Kameramannes. Carlo Tortello hatte das Objektiv des digitalen Aufnahmegeräts auf die helle Silberscheibe des Mondes gerichtet, die knapp über den blitzend weißen Bergspitzen prangte. Dann schwenkte er die Kamera langsam nach unten. Der Mond verschwand aus dem Bild. Auf dem Screen erschien der alte Bauernhof. Eine Insel aus warmem Licht in der nächtlich weißen Winterlandschaft.

»Wunderbar!« Die sonst eher nüchterne, abgeklärte Kulturjournalistin geriet ins Schwärmen. »Wie in der Kindheit. So stelle ich mir ein weihnachtlich erleuchtetes Märchenhaus vor.« Aber Carlo Tortello war nicht zu frieden. »Ancora!«, sagt er. »Muss machen besser. Mit mehr Sensibilität. Mehr langsam. Wir haben genug von die Zeit. Nacht iste noch lange.« Er richtete die Kamera wieder nach oben, fixierte die Mondscheibe. Edwin Hiller war inzwischen herangekommen. Er klopfte dem Kameramann freundschaftlich auf die Schulter. »Du sagst es. Wir haben genug Zeit.« Jutta gefiel der leichte Akzent in der Aussprache des jungen Mannes. »Heute ist die längste Nacht, Carlo. Da kannst du jeden Schwenk zehnmal wiederholen.« Auch diese Bemerkung des Assistenten löste beim Regisseur ein dröhnendes Lachen aus, so heftig, dass der Kameramann erschrak und die Mondscheibe erneut anvisieren musste.

Eine halbe Stunde später waren sie fertig und begaben sich ins Bauernhaus. In der geräumigen Küche des *Göldnerhofs* wartete schon die Familie, zusammen mit einigen Nachbarn. Hausherr Guntram Berngruber empfing das Fernsehteam mit einer Flasche Schnaps und bot erneut einen Willkommenstrunk an. Die erste Runde mit Hochprozentigem hatte das Team schon am Nachmittag bei der Ankunft genossen, in Verbindung mit einer kräftigen Speckjause. Alle griffen nach den gut gefüllten Gläsern mit der kristallklaren Flüssigkeit, ließen die Hausleute hochleben und kippten den scharfen Birnenbrand hinunter. Nur Angelina Biancella lehnte dankend ab. Sie führte als Moderatorin durch die RAI-Dokumentation und brauchte für die Aufnahmen einen klaren Kopf und eine bewegliche Zunge.

Heute war der 21. Dezember, in der christlichen Tradition der Tag des Heiligen Thomas und zugleich Wintersonnenwende. Die längste Nacht, der kürzeste Tag.

In ganz Europa sind der *Thomastag* und besonders die *Thomasnacht* mit einer Reihe von überlieferten Volksbräuchen verbunden.

»Wir erleben die längste Nacht, also die am längsten andauernde Dunkelheit im Jahreskreislauf. Nach der Wintersonnenwende wird das Licht sich wieder stärker durchsetzen. Wir können also ab dem morgigen Tag wieder *mehr sehen.*« Konsulentin Jutta Ploch erklärte der Moderatorin Angelina Biancella noch einmal die Zusammenhänge rund um die Rituale zu diesem besonderen Datum. »Somit ist es auch nachvollziehbar, dass gerade in dieser Nacht viele Bräuche mit *mehr sehen* zu tun haben, verstanden als *In die Zukunft sehen*. Das hierzulande praktizierte *Lösselspiel* ist ein Orakelspiel, ein Weissagungsspiel, wie man es auch in anderen Gegenden findet.« Dann bemühte sich die Journalistin noch, der italienischen Kollegin die richtige Aussprache des Wortes *Lösseln* beizubringen.

Die Gruppe war inzwischen von der Küche hinüber in die große Bauernstube gewechselt. Dort war bereits alles vorbereitet. Der Raum präsentierte sich in mystisches Licht getaucht. Dieser Effekt wurde vor allem durch die Scheinwerfer erreicht, die draußen platziert waren und ihre geheimnisvollen Strahlen wie schimmernde Finger durch die Fenster schickten. Auf dem großen Tisch in der Mitte des Raumes waren neun Hüte zu sehen. Die hatte man für das *Lösselspiel* schon bereitgelegt. Neun Personen nahmen am Tisch Platz: Hausherr Guntram Berngruber, seine Frau Evelyn, die 20-jährige Tochter Gabriele und Guntrams Bruder Albin, der ein Anwesen auf der anderen Seite des Tales bewohnte. Dazu fünf

Leute aus der Nachbarschaft: ein Ehepaar und deren drei erwachsene Kinder.

Regisseur Mauro Catana und sein Kameramann betrachteten eingehend die Szene. Sie ließen das Nachbarehepaar die Plätze tauschen, kontrollierten erneut das Ensemble der Personen und waren zufrieden. Dann postierten sie die Moderatorin neben dem Kachelofen. Tonassistent Edwin Hiller überprüfte, ob das Ansteckmikrofon der Italienerin funktionierte. Bläuliches Licht fiel von draußen durch ein Fenster und warf einen geheimnisvollen Glanz auf Angelina Biancellas linke Gesichtshälfte. Eine Spur zu viel an Blau, fand der Kameramann, und ließ die Frau einen halben Schritt zurücktreten. Dann war er mit den Lichteffekten einverstanden. Der Regisseur ersuchte alle, sich auf die folgende Szene zu konzentrieren und dennoch locker zu bleiben. Darauf gab er das Zeichen für die Aufnahme. Die Moderatorin blickte in die Kamera, versuchte, ihrem Lächeln einen Ausdruck von Rätselhaftem zu verleihen, und begann mit dunkler, warmer Stimme vom Zauber dieser besonderen Nacht zu erzählen. *Oggi è 21 dicembre, il giorno del solstizio d'inverno.* Heute ist der Tag der Wintersonnenwende. Man befinde sich hier in einem alten Bauernhof im Pongau im Land Salzburg, wo die Familie nach altem Brauch zusammengekommen sei, um in dieser Nacht mit Freunden und Nachbarn in die Zukunft zu schauen, *guardare al futuro* …

Die Kamera schwenkte von der Moderatorin weg und hielt auf die Gruppe am Tisch zu. Tochter Gabriele mischte die Hüte durcheinander und machte eine einladende Bewegung. Wie abgesprochen griff die Frau aus der Nachbarfamilie nach einem Hut und hob ihn hoch. Eine

Zwirnspule lag darunter. Die anderen am Tisch reagierten auf diese Entdeckung mit zustimmendem Lachen und Schulterklopfen. Moderatorin Angelina Biancella erklärte, dass die Zwirnspule, *il rocchetto di filo*, einen langen Faden symbolisiere, *un filo lungo*. Das bedeute, dass sich die betreffende Person über ein langes Leben freuen dürfe, *una vita lunga*.

»Benissimo! Siete bravi!« Mauro Catana klatschte in die Hände und blickte zu seinem Kameramann. Der nickte und streckte den Daumen nach oben. »Grazie, Angelina.«

Dann ersuchte der Regisseur die Moderatorin, am Tisch Platz zu nehmen, direkt neben dem Hausherrn. Assistent Edwin Hiller schnappte sich einen der Scheinwerfer und stellte ihn so auf, dass die Spitzen des Lichts von hinten auf Angelina Biancellas Kopf fielen. Dadurch bekam das Haar einen fast magischen Glanz. Der Regisseur gab seiner Darstellerin die Zwirnspule in die Hand. Die Kamera wurde so eingerichtet, dass die Moderatorin zusammen mit dem Hausherrn im Bild war. Mauro Catana ersuchte um Ruhe und gab erneut das Zeichen für die Aufnahme. Angelina Biancella hielt die Zwirnspule hoch und erklärte mit Blick in die Kamera, dass sich unter den Hüten insgesamt neun verschiedene Symbole befänden. Sie ersuchte den Hausherrn, den italienischen Zuschauern die Bedeutung dieser Symbole zu erläutern. Wie zuvor besprochen, setzte Guntram Berngruber zur Erklärung an, verhaspelte sich aber schon im ersten Satz und wurde rot.

»Entschuldigung, Mauro. Ich glaube, ich kann das nicht.«

Die anderen am Tisch protestierten, redeten ihm gut zu. Nur nicht aufgeben.

»Keine *problema*, Guntram. Haben wir Zeit ganz viele. Schauen nicht in Kamera, schauen nur zu Angelina. Sprechen nur mit ihr.« Der Mann am Tisch wischte sich kurz über die Stirn. »Also gut, Mauro, nächster Versuch.«

Dieses Mal machte er seine Sache gut. Er sprach auf Deutsch über die Bedeutung der Symbole. Später, beim Schnitt der Reportage im Studio, würde ein Sprecher die entsprechenden Passagen auf Italienisch übersetzen.

Den langen Faden hätten die Zuschauer ja schon zuvor kennengelernt, erklärte der Hausherr. Der verweise auf ein langes Leben. Wenn man unter seinem Hut einen Ring findet, dann bedeute das eine baldige Heirat oder zumindest Verlobung. Geld bringe Reichtum, eine Puppe Kindersegen, ein Kamm bedeute ›lausige Zeiten‹, also nichts Erfreuliches, ein Buch symbolisiere Weisheit und Karriere, ein Brief eine gute Nachricht, der Schlüssel signalisiere ein eigenes Haus, und ein Wanderbinkerl deute darauf hin, dass eine Übersiedlung bevorstehe.

»Bravissimo, Guntram!« Der Raum wurde erfüllt vom polternden Gelächter des Regisseurs. Die Runde am Tisch klatschte, und die Moderatorin drückte dem erleichterten Hausherrn einen Kuss auf die Wange. Die angesprochenen Gegenstände würden sie später noch extra in Großaufnahme festhalten und beim Schnitt dazumontieren. Jetzt ging es darum, noch einige Spielrunden zu zeigen.

Die Moderatorin verließ den Tisch, der Hausherr mischte die Hüte, und Carlo Tortello postierte seine Kamera neu. Dieses Mal war die Reihe an Gabriele Berngruber, einen der Orakelhüte zu lüften. Ein Aufschrei aus vielen Kehlen ertönte, als sich unter dem hochgehobenen Hut eine kleine Puppe zeigte. Die Tochter des Hauses schlug die Hände vor den Mund und lief rot an. »Hallo, geliebte Nichte, da werde ich heuer vielleicht noch Großonkel! Wer wird denn da der Papa sein …?« Albin Berngruber drohte der jungen Frau spaßeshalber mit dem Zeigefinger. Einer der Nachbarsöhne war ebenfalls rot angelaufen und blickte zu Boden. Wieder wurden die Hüte neu gemischt. Dieses Mal war der Nachbar an der Reihe. Er brachte ein altes Geldstück zum Vorschein. Das Lachen und Beglückwünschen am Tisch wurde lauter.

»Jetzt will ich auch einmal nachschauen, was mir die Zukunft bringt«, rief Guntram Berngruber und begann die Hüte auf der Tischplatte durcheinander zu schieben.

»Un attimo!« Der Kameramann hob die Hand. »Machen wir *un primo piano*.«

»Eine Großaufnahme!«, übersetzte Jutta Ploch.

Carlo Tortello rückte das Kamerastativ näher an den Tisch. »Alora, Guntram, fai!«

Der Hausherr mischte noch kurz die Hüte, dann griff er nach einem und hob ihn hoch. Der schrille Schrei aus dem Mund von Evelyn Berngruber war zuerst zu vernehmen, gleich darauf schrie die Tochter. Alle starrten erschrocken auf die Stelle, die eben noch vom Hut bedeckt war. Dort lag ein kinderfaustgroßer Totenkopf. Aus Plastik. Kameramann Carlo Tortello schaute irritiert von der Kamera hoch.

Guntram Berngruber sprang auf. Aus seinem Gesicht war jede Farbe gewichen.

»Was soll das?« Er starrte in die Runde. »Wer von euch hat sich das erlaubt?« Ratlose Gesichter blickten ihn mit erschrocken aufgerissenen Augen an.

»Ihr wisst ganz genau, dass wir schon seit Generationen keinen Totenkopf mehr beim *Lösselspiel* zulassen.«

Jutta Ploch versuchte, die Situation zu beruhigen. »Offenbar ist hier irgendeine Panne passiert. Wir werden versuchen, das aufzuklären, und dann mit den Aufnahmen fortfahren. Das Ganze ist ja nur ein Spiel.«

Der Hausherr stieß ein bitteres Lachen aus. »Das ist mehr als ein Spiel, Frau Ploch. Heute ist Wintersonnenwende. Was glauben Sie, wie oft das schon eingetreten ist, was sich beim *Lösseln* in der Thomasnacht offenbart hat?«

Seine Stimme überschlug sich.

»Und was iste Bedeutung von diese *testa di morto*?« Angelina Biancella deutete auf den weißen Plastikkopf mit den schwarzen Augenhöhlen.

Der Hausherr plumpste schwer zurück auf die Bank. Langsam ließ er seine Augen über die Gesichter der Anwesenden im Raum wandern. »Das bedeutet, dass einer aus dieser Runde bald sterben wird. Und das muss nicht der sein, der das Symbol aufgedeckt hat.«

Dann hob er langsam den Hut hoch und ließ ihn auf den Totenkopf fallen. Für einen Augenblick war es völlig still im Raum. Keiner wusste, was er sagen sollte.

24.12.

Als Merana bei Zell am See die Abzweigung in den Oberpinzgau nahm, begann es zu schneien. Zuerst klatschten nur vereinzelt ein paar weiße Tupfer gegen die Windschutzscheibe. Doch bald schon fielen große, schwere Flocken aus dem sich rasch verdunkelnden Himmel. Der Kommissar war am Nachmittag von Salzburg weggefahren, hatte die Tauernautobahn Richtung Süden genommen und war bei Bischofshofen ins Salzachtal abgebogen. Am Vormittag hatte er noch das bestellte Weihnachtsgeschenk aus einer Spezialbuchhandlung in der Salzburger Innenstadt abgeholt. Die Großmutter würde sich über den Band mit Erzählungen aus Osteuropa sicher freuen, denn sie sammelte Märchenbücher aus aller Welt. Danach war der Kommissar noch kurz in der Polizeidirektion gewesen, hatte den Kollegen einen möglichst stressfreien Weihnachtsdienst und frohe Feiertage gewünscht. Schließlich war er noch Otmar Braunbergers Einladung gefolgt, auf einen kurzen Besuch vorbeizuschauen. Der Abteilungsinspektor servierte Orangenpunsch und dreierlei Früchtebrote. Dabei traf Merana auch Otmars Schwester Gudrun und deren Mann. Und er lernte auch eine dunkelhäutige Schönheit kennen, die Somalierin Nadifa Shabeel. Bisher hatte er die junge Frau nur aus Otmars Schilderungen über den Kekserlfee-Fall gekannt. Als Merana eine Stunde später Otmars Wohnung verlassen hatte, war er nicht nur angefüllt mit Punsch und süßem Brot. Er hatte auch gelernt, dass *Frohe Weihnachten* in Nadifas Sprache *ciid wanaagsan* hieß.

Es hatte viel geschneit in den letzten Tagen. Die glitzernde Pracht reichte fast bis zu den Fenstern des kleinen Holzhauses, das die Großmutter bewohnte. Die Hecken und Sträucher im Garten trugen schwere weiße Hauben. Die alte Frau hatte brennende Kerzen in die Fenster gestellt. Ihr flackernder Schein begrüßte die Ankommenden, die an diesem Weihnachtsabend ihren Weg zum Haus von Kristina Merana fanden. Und es kamen viele. Meranas Großmutter war im Ort sehr beliebt. Schon am Vormittag tauchten die ersten Besucher auf, ehemalige Patienten aus der Praxis ihres Mannes, Schülerinnen aus Kristina Meranas Kräuterkursen, Nachbarn und Freunde aus der Region. Sie brachten kleine Geschenke mit: Blumen, Bücher, Süßigkeiten, handgestickte Tücher, Lebkuchen, selbst gemachten Likör. Die alte Frau freute sich über jeden einzelnen Gast, bot Tee und Kekse an, auch das eine oder andere Schnapserl. Wem der Sinn nicht nach Süßem stand, der bediente sich an ihren beliebten Pasteten und der geräucherten dunklen Hirschwurst.

»Hallo, Martin, schön, dich wieder einmal zu sehen. Frohe Weihnachten!« Merana erkannte in der Dämmerung Max Rebenberger, den pensionierten Oberförster, und dessen Frau Magdalena, die in einem weiter entfernten Dorf wohnten. Die beiden stapften eben durch das Gartentor, als Merana aus dem Auto stieg. Er reichte dem Ehepaar die Hand, wünschte seinerseits ein schönes Fest und frohe Feiertage. »Wie lange bleibst du?«

»Ich weiß es noch nicht genau, wahrscheinlich bis zum Neujahrstag.«

Der alte Oberförster klopfte ihm auf die Schulter. »Na, dann besuch uns doch einmal in den nächsten Tagen. Du würdest uns eine Freude machen.« Der Kommissar versprach, der Einladung gerne nachzukommen. Dann betrat er das Haus der Großmutter. Die Räume waren festlich geschmückt. Funkelnde Gläser, Silbersterne, Goldfäden gaben dem Ambiente einen weihnachtlichen Glanz. Aber am meisten leuchteten die Augen der alten Frau, als sie ihren Enkel in die Arme schloss. »Schön, dass du da bist, Martin. Ich freue mich so.«

»Ich mich auch, Oma.« Auf der Kredenz aus dunklem Holz neben dem Fenster brannte eine Kerze mit gewundenem Goldrand. Ihr Schein fiel auf zwei gerahmte Fotos. Das eine zeigte Meranas Großvater mit lachendem Gesicht und Hut.

Auf dem zweiten waren eine Frau zu sehen, die ernst in die Kamera blickte, und ein Mann mit scheuem Lächeln. Er hielt den Arm vorsichtig um die Frau gelegt. Das waren Meranas Eltern. Seine Mutter Rosaline starb, als Merana neun Jahre alt war. An den Vater hatte er kaum Erinnerungen.

Die Großmutter war nicht alleine. Nachbarin Anni Lassinger saß am Holztisch in der Stube, zusammen mit Tochter Raffaela und Schwiegersohn Robert. Die Nachbarin würde noch dableiben, um später Kristina Merana auf deren Gang durchs Haus zu begleiten. Die Großmutter würde von Zimmer zu Zimmer gehen, in der Hand die heiße Pfanne mit dem Weihrauch. Danach würde die Gruppe das Ritual in Anni Lassingers Haus wiederholen. So weit der Kommissar zurückdenken konnte, wurde am Heiligen Abend ›rauchen‹ gegangen. Das war schon in seiner Kindheit so gewesen. Er hatte nie viel über den Sinn dieses Brauchs nachgedacht.

In der Ecke neben der Tür, die zum Garten führte, stand ein kleiner geschmückter Weihnachtsbaum. Die Kerzen waren noch nicht entzündet. Wie immer hatte die Großmutter den Baum mit Lebkuchen, Strohsternen und roten Äpfeln geschmückt. Unter dem Baum waren Geschenke ausgebreitet, kleine Pakete in buntem Papier, Mitbringsel der vielen Gäste, die im Lauf des Tages Kristina Merana besucht hatten.

Merana legte sein in Silberpapier eingepacktes Märchenbuch dazu. Dann griff er in die Tasche, holte vorsichtig eine Papiertüte heraus und entnahm ihr eine kleine geschnitzte Holzfigur. Er hatte sich in den letzten Jahren angewöhnt, der Großmutter bei jedem Weihnachtsbesuch einen neuen Hirten für die Krippe mitzubringen. Vorsichtig wickelte er den kleinen Holzmann aus der schützenden weichen Umhüllung und platzierte ihn auf dem Weg, der zum Stall führte. Der Neuankömmling hielt einen Dudelsack geschultert. Er passte gut zu den beiden anderen Hirten neben ihm, die Klarinetten in den Händen hielten.

Jutta Ploch schaute auf die Uhr. Es war 17.30. Wenn alles gut ging, wären sie gegen 21 Uhr in Salzburg. Sie hatte Mauro und Angelina eingeladen, den Heiligen Abend mit ihr zusammen in ihrer Salzburger Wohnung zu feiern, hoch über den Dächern der Altstadt mit traumhaftem Blick auf die Festung. Kameramann Carlo Tortello hatte die Einladung dankend abgelehnt. Er wollte noch in der Nacht zurück nach Italien fahren zu seiner Familie nach Cividale. Die Strecke von rund 300 Kilometern wäre bis Mitternacht zu schaffen. Anfang Jänner, wenn sie die Arbeiten an der Dokumentation fortsetzten, wäre er zurück.

Vier Scheinwerfer waren wie schon vor drei Tagen auf das alte Bauernhaus des *Göldnerhofes* gerichtet. Aber dieses Mal sparte sich das Team die detaillierten Außenaufnahmen. Eine Totale und zwei Zufahrten genügten. Sie konnten die meisten Bilder aus der *Thomasnacht* für die heutige Passage verwenden. Die Journalistin war froh, dass es ihr gelungen war, Guntram Berngruber zu überreden, die angefangene Dokumentation nicht abzubrechen. Der Schock über den aufgetauchten Totenkopf beim *Lösselspiel* war groß gewesen. Berngruber hatte sich anfangs geweigert, weiterzumachen. Er bestand darauf, herauszufinden, wer ihm in der *Thomasnacht* so übel mitgespielt hatte. Doch keiner aus der Runde konnte bei diesem Ansinnen weiterhelfen. Jeder behauptete, mit dieser Sache nichts zu tun zu haben. Im Gegenteil. Alle wären selber völlig erschrocken. Die Nachbarin erinnerte daran, dass es schon einmal einen mysteriösen Vorfall gegeben hatte. Der Trollinger Bauer war vor einigen Jahren einen Tag nach dem *Lösselspiel* bei Holzarbeiten zu Tode gekommen. Sie erinnere sich aber nicht mehr, welches Symbol er gezogen hätte. Keiner von den anderen ging auf diese Bemerkung ein. Jutta Ploch hatte behutsam darauf gedrängt, die Angelegenheit auf sich beruhen zu lassen. »Vielleicht wollte jemand auch nur der oberschlauen Journalistin aus der Stadt einen kleinen Streich spielen«, hatte sie gescherzt und den Plastiktotenkopf einfach eingesteckt. Sie hatte den jüngeren der beiden Nachbarsöhne in Verdacht. Dessen kurzes Grinsen war ihr nicht entgangen, als dem Hausherrn beim Anblick des unerwarteten

Fundes der Schreck in die Glieder gefahren war. Auch Berngrubers Ehefrau Evelyn war viel daran gelegen, die schlechte Stimmung zu verscheuchen.

»Na, dann wollen wir den bösen Geist aus der Raunacht mit einem Stamperl vom guten Geist aus der Birnenschnapsflasche vertreiben«, hatte sie mit etwas übertriebener Fröhlichkeit vorgeschlagen. Die anderen hatten zugestimmt. Dann hatten sie die Hüte kontrolliert, ob sich darunter vielleicht noch ein eingeschmuggeltes unerlaubtes Symbol befände. Aber alles war in bester Ordnung. Das Orakelspiel der Nacht zur Wintersonnenwende konnte weitergehen. Es passierten keine bösen Überraschungen mehr.

Nun waren sie also wieder hier, am 24. Dezember, kurz vor 18 Uhr. Erneut blickte Jutta auf ihre teure Cartier-Armbanduhr. Sie stand mit Angelina Biancella im Freien vor dem hell erleuchteten alten Bauernhaus und wartete auf die anderen. Ein eigentümliches, wohliges Gefühl machte sich in ihr breit. Hier heroben herrschte tiefe Stille. Der weiche Vorhang aus Schneeflocken rings um sie dämpfte jedes Geräusch.

Es war Heiliger Abend. Auf den Bauernhöfen in der Nachbarschaft und in den Häusern und Wohnungen im Tal bereiteten sich die Familien auf das große Fest und die Bescherung vor. Auch in der Stube des *Göldnerhofes* war der große Baum längst geschmückt. In der Küche brodelte die Suppe, lagen die Würste und das dunkle Bauernbrot bereit. Angelina Biancella stieß laut und vernehmlich ihren Atem aus und beobachtete vergnügt, wie sich im Schein der Außenbeleuchtung kleine Kristalle bildeten.

»Wenn wir später sind bei dir in der Stadt, Jutta, machen wir dann auch diese … *fumare*?«

Die Journalistin bückte sich, um aus dem frisch gefallenen Schnee einen Ball zu formen. »Nein, Angelina. In meiner Wohnung gehen wir nicht mit der Rauchpfanne durch die Zimmer. Das ist zwar ein schöner alter Brauch. Aber ich finde, er passt besser in ein altes Bauernhaus auf dem Land als in eine moderne Dachterrassenwohnung inmitten der Stadt.«

»Warum? Iste doch interessante Rituale.« Die Frage der Italienerin überraschte die Journalistin. Sie wusste keine passende Antwort darauf. »Weil … weil ich mit diesen alten Bräuchen nicht viel anfangen kann.« Die Moderatorin dachte ein wenig nach, dann lachte sie. »Vielleicht du nicht hast in Wohnung böse Geister, um zu vertreiben. Warte nur, bis laute Italiener in Wohnung singen Lieder, dann du willst vielleicht auch vertreiben Mauro und mich durch Pfanne mit *fumare*.« Die Vorstellung amüsierte Jutta Ploch.

»Gut, ich werde den Hausherrn des *Göldnerhofes* bitten, dass er mir ein wenig von seinem speziellen Weihrauch und ein paar seiner Kräuter mitgibt. Für alle Fälle.«

Die Italienerin steckte die Hände in die Taschen ihrer eleganten Winterjacke. »Jetzt ich bin in Milano. Aber als Kind war oft bei Großeltern in Friaul. *Mio nonno* auch immer gegangen mit die Rauchepfanne in die Heilige Nacht. Und auch in die Nacht vor *Epifania*.«

Jutta nickte. *Epifania* war die gebräuchliche Bezeichnung für den 6. Jänner, den Tag der Heiligen Drei Könige. »Bestimmte Rituale in den Raunächten gibt es nicht nur hier bei uns in den Alpen. Derartige Bräuche findet man überall in Europa.«

Angelina stimmte zu. »Habe gelesen von diese viele Rituale für Vorbereitung auf diese *documentario*, diese Reportage. Aber, Jutta, *non capisco* … äh, nicht verstehen wirklich, was iste genau diese *Raunächte* …«

Die Journalistin konnte das gut nachvollziehen. Die kulturgeschichtlichen Hintergründe waren auch nicht leicht zu begreifen. Die Spuren zur Herkunft der Raunächte führten weit zurück in vorchristliche Zeiten. Vermutlich hatte der Ursprung mit der Umstellung der Zeitrechnung zu tun. Ein Mondjahr und ein Sonnenjahr klafften weit auseinander. Setzte man einen Monat mit einer Mondphase von 28 Tagen gleich, dann fehlte nach 12 Mondmonaten noch einiges an Zeit, damit das Jahr komplett wurde. Bis die Erde tatsächlich einmal um die Sonne gelaufen war, fehlten noch rund 11 Tage oder 12 Nächte. Diese besondere Zeit, die vom Mondjahr zum Sonnenjahr fehlte, bezeichnete man in manchen Gegenden als *Zwölfte Nächte*, als *Raunächte* oder auch als *Wolfsnächte*. Es waren Tage und Nächte *außerhalb der Zeit*, und somit seit jeher mit einer besonderen Aura ausgestattet. Jutta Ploch hatte in einer Abhandlung gelesen, dass in der Vorstellung der Kelten dies auch die Zeit war, in der die Muttergöttin Rigani sich auf die Suche nach ihrem Heros Sohn machte. Das erinnerte sie irgendwie an Maria und ihr göttliches Kind. Dass die Geburt von Jesus in der Nacht vom 24. auf den 25. Dezember, also in der Zeit der Wintersonnenwende, passiert sein soll, wurde von christlichen Führern erst im 4. Jahrhundert festgelegt. Wieder einmal hatte sich die Kirche mit einem Fest auf einem Platz eingenistet, der schon von viel älteren religiösen Vorstellungen besetzt war. Doch die mit diesem Zeitpunkt verbundenen uralten Rituale hatte die Kirche nicht ausmerzen können, allenfalls umgestalten, für sich vereinnahmen. Wenn in den Raunächten alte Bräuche wie Orakelspiele praktiziert wurden, dann hatte das mit der biblischen Geschichte von der Geburt eines jüdischen Knaben im Kulturkreis des Nahen Ostens wenig zu tun, aber viel mit alter keltischer Vorstellung. In diesen besonderen Nächten *außerhalb der Zeit* passierten wunderliche Dinge. Tiere konnten plötzlich sprechen und die Zukunft voraussagen. Die Tore zur *Anderswelt* waren durchlässig, die Verstorbenen kamen zu Besuch. Frau Perchta, die rätselhafte Figur mit den zwei Erscheinungen, ging um, eine Gestalt mit zugleich heller und dunkler Seite. Die Reste dieser vorchristlichen Einstellung lebten weiter fort, in alten Legenden und Weihnachtsmärchen, in populären Bräuchen wie dem Zukunftdeuten durch Bleigießen zu Silvester oder im Ritual, mit einer heißen Pfanne, in der Weihrauch und Kräuter dampften, durch Haus und Hof zu gehen. Altes soll dadurch ›ausgeräuchert‹ werden, um Platz zu schaffen für Neues, Segensreiches, Blühendes. Jutta Ploch hatte einen weiten Bogen gespannt bei ihren Erklärungen zum Phänomen der Raunacht, aber offenbar war die Italienerin ohne große Mühe den Erläuterungen gefolgt.

»Aber das ist *una idea meravigliosa* … eine wunderbare Gedanke.« Sie klatschte in die Hände, ihre Augen leuchteten wie bei einem Kind. »Das Alte müssen weg, geben Platz für Neues! Wir machen das auch. Später bei dir in Wohnung! Hoffe, du haben gute Pfanne für *fumare.*« Die Begeisterung der italienischen Moderatorin hatte sich auf die Farbe ihrer Wangen übertragen. Das Rot ihrer frischen Haut schimmerte im warmen Licht, das die beiden großen Leuchtsterne neben der Eingangstür des alten Bauernhauses über den Hof ausbreiteten. Die Haustür wurde geöffnet. Regisseur und Kameramann hatten drinnen zusammen mit Guntram Berngruber den Ablauf und die genauen Kamerapositionen für das Räucherritual festgelegt. Angelina wurde von Mauro Catana kurz über die Details instruiert. Ihren ersten Aufsager hatte die Moderatorin vor dem Haus zu absolvieren, einen weiteren im Inneren des Gebäudes, am Durchgang von der Stube zu den Schlafzimmern. Ein letztes Statement war dann noch im Stall vorgesehen. Dort war ein Interview mit dem Hausherrn geplant. Dabei sollte Guntram Berngruber auch kurz auf die alten Legenden eingehen, denen zufolge in den Raunächten, besonders aber in der Heiligen Nacht, die Tiere zu sprechen anfingen, um die Zukunft vorauszusagen.

Damit die Kamera für die verschiedenen Szenen dieses Abends eine größere Gruppe einfangen konnte, beschränkte man sich nicht nur auf den Kern der Familie am *Göldnerhof*. Wie schon in der *Thomasnacht* war auch Guntrams Bruder Albin dabei, und zudem die beiden Söhne aus der Nachbarfamilie. Das Räucherritual begann in der Küche am großen Kachelofen. Der Hausherr öffnete das Ofentürchen, entnahm dem Ofen einige glühende Kohlen und schüttete sie in eine Eisenpfanne. Darauf legte er einen getrockneten Baumschwamm, einen sogenannten Zunderpilz. Über diesen streute er Weihrauch, Wacholderblätter, Lärchen- und Tannennadeln.

Der Zug der sechs Personen setzte sich in Bewegung. In jedem Raum wurde die Räucherpfanne in alle vier Himmelsrichtungen geschwenkt. Evelyn Berngruber trug ein kleines Gefäß und versprengte ein wenig Weihwasser auf Böden und Möbel. Zwischendurch wurde auch gebetet. Nach etwa einer halben Stunde war man mit dem Haus fertig. Die Gruppe samt Fernsehteam machte sich auf den Weg in den Stall. Der Hausherr ging mit der Räucherpfanne voraus. Er entriegelte die Stalltür, betätigte den Lichtschalter und trat ein. Die anderen folgten. Nach drei Schritten blieb Guntram Berngruber wie angewurzelt stehen. Edwin Hiller, der mit geschultertem Scheinwerferstativ hinter ihm war, hätte ihn fast umgerannt.

»Nein!« Der Schrei des Hausherrn ließ die anderen zusammenschrecken. Sie versuchten, auszumachen, worauf der Bauer mit ausgestreckter Hand zeigte.

Auf der linken Seite standen die Kühe in ihren Kobeln, steckten ihre Mäuler genüsslich in die Heubündel. Ein friedliches Bild. Auf der rechten Seite war die lang gestreckte Wand des Gebäudes mit den großen Fenstern zu erkennen. Quer durch den Stall, von einer Eisenverstrebung oberhalb der Kühe bis zu einem der Riegel der Fenster, zog sich ein Strick. Darauf hingen ein weißes Leintuch und zwei weiße Hemden.

Guntram Berngruber hatte sich umgedreht. Sein Gesicht hatte die Farbe des Leintuchs angenommen. »Nicht schon wieder!«, keuchte er und starrte auf die Gruppe. Das italienische Fernsehteam fand helle Wäsche in einem Kuhstall originell, wenn auch befremdlich, konnte aber die erschrockene Reaktion des Mannes nicht deuten. Jutta Ploch verstand sofort, was Guntram Berngruber aus der Fassung brachte. Sie hatte sich in der Vorbereitung für diese Dokumentation eingehend mit den Ritualen und Verboten rund um die Raunächte auseinandergesetzt. In den Raunächten sollte keine Glut im Herd sein, hieß es in einer alten Überlieferung. Kartenspielen war strengstens verboten. Man dürfe auch keine schwere Arbeit verrichten. Besenbinden sei allerdings erlaubt, vor allem das Binden der sogenannten *Zwölftbesen*, mit denen man das ganze Jahr über das Ungeziefer vertreiben konnte. Aber vor allem dürfe in den Raunächten keine weiße Wäsche aufgehängt werden … *sonst nimmt der Teufel das Tuch und benützt es als Leichentuch im Neuen Jahr.*

Und nun hing in der Christnacht in einem Pongauer Kuhstall weiße Wäsche von einem Strick, flatterte gespenstisch in der kalten Zugluft, die durch die geöffnete Tür von draußen hereinwehte. Die toughe Journalistin konnte sich nicht helfen. Ein leichtes Schaudern rann ihr über den Rücken. Sie warf einen schnellen Blick auf den jüngeren Nachbarsohn. Doch der grinste dieses Mal nicht. Er hatte den Arm um Gabriele geschlungen. Dem Mädchen standen Tränen in den Augen. Jutta Ploch schluckte den Kloß in ihrem Hals hinunter. Wer hatte die weiße Wäsche hier aufgehängt? Und warum? Was sollte diese Anspielung auf das *Leichentuch des Teufels*? So langsam war das kein Spaß mehr …

25.12. BIS 4.1.

Der Heilige Abend war äußerst harmonisch verlaufen. Die Großmutter hatte sich über die osteuropäischen Märchen sehr gefreut. Merana hatte als Geschenk unter dem Christbaum ein großes Glas mit einer von der alten Frau selbst zusammengestellten Kräuterteemischung gefunden und dazu eine Keramiktasse. Diese Schale hatte die Großmutter extra von einem Pinzgauer Töpfermeister anfertigen lassen. Nach dem Abendessen und der Bescherung hatten sie das Grab von Meranas Mutter aufgesucht und dort eine Kerze angezündet. Danach waren sie in die Kirche gegangen, um gemeinsam die Mette zu erleben. Merana war kein Kirchgänger. Er wusste in seinem Inneren nicht, ob er an irgendein höheres Wesen gleich welcher Art glauben konnte. Er hatte sich nie viel Zeit genommen, um darüber nachzudenken. Die christliche Kirche, die einen Gemarterten als anbetungswürdigen Gottessohn zur Schau stellte, in Vielem einen frauenverachtenden Zug zeigte und ihre Anhänger mit Höllenverdammnis und Strafe einzuschüchtern versuchte, war ihm mehr als suspekt. Aber mit der Großmutter in der Christnacht im hell erleuchteten Gotteshaus seiner Heimatgemeinde zu sitzen, das Flackern der Kerzen zu genießen, den Geruch von Weihrauch einzuatmen, sich vom schlichten, aber dennoch festlichen Gesang des Chors berühren zu lassen und die frohe Weihnachtsbotschaft zu hören, das hatte schon etwas. Das wollte er nicht missen. Wenn die Großmutter einmal nicht mehr war, dann würde er diesem Ritual wohl nicht mehr nachgehen. Der

Gedanke daran gab ihm einen leichten Stich ins Herz. Solange er denken konnte, war die Großmutter immer da gewesen. Er tastete nach der Hand der kleinen alten Frau mit dem silbernen Haar an seiner Seite. Ihre Finger waren warm. So warm wie der Blick, den sie ihm aus ihren klaren Augen schenkte. Wieder einmal wurde er sich bewusst, wie sehr ihn diese alte Frau liebte, und wie innig er sich ihr verbunden fühlte.

Ihr Hirten wohlauf, nach Bethlehem lauft!
Die Pfeifen lasst hören, die Freud zu vermehren,
und blast nur brav drein, das Kindl wird's freu'n.

Der Kirchenchor der Gemeinde wurde unterstützt von Bläsern aus der Musikkapelle und Streichern aus der örtlichen Musikschule. Dieses Fest der Freude, des Jauchzens, des Musizierens und der offenen Herzen, gebündelt in die simple Vorstellung, dass ein Kind geboren war, gefiel Merana schon. Sein Blick fiel auf die hell erleuchtete Krippe am Seitenaltar. Dieses Kind auf Stroh, umgeben von einfachen Hirten und jubilierenden Engeln, hatte für ihn nichts zu tun mit dem geschundenen Märtyrer, der an seinem Holzkreuz neben dem Hochaltar hing.

Am Christtag waren Merana und die Großmutter bei Anni Lassinger und deren Familie zum Essen eingeladen. Es gab einen köstlichen Braten vom Tauernlamm und zuvor Suppe mit selbst gemachten Frittaten.

Am Stefanitag hatte der Kommissar seine Tourenski gepackt und war zu einer Tour aufgebrochen. Zusammen mit einem alten Schulfreund, der in Saalfelden eine

Zahnarztpraxis führte, hatte er den *Baukogel* im Raurisertal in Angriff genommen.

Die Bewegung in der freien Luft, das fast meditative gleichmäßige Stapfen bergauf hatten Merana gut getan.

Den versprochenen Besuch beim pensionierten Oberförster hatte er nicht mehr geschafft, denn er musste zwei Tage vor Jahreswechsel seine Weihnachtsferien abbrechen. Der Polizeidirektor beorderte ihn zurück. Der Ministerpräsident eines osteuropäischen Staates hatte sich überraschend zu einem inoffiziellen Besuch angemeldet. Gattin und Tochter wollten Silvester und Neujahr in der Stadt Salzburg verbringen und anschließend noch in der Region skifahren. Gleichzeitig war eine anonyme Drohung gegen die Familie des Politikers eingegangen. Das Innenministerium hatte Urlaubssperre verhängt. Die Spitzenkräfte der Polizei wurden gebraucht.

Jutta Ploch hatte den Heiligen Abend zusammen mit ihren italienischen Gästen verbracht. Sie hatten es erst knapp vor elf Uhr geschafft, aus dem Pongau nach Salzburg zu kommen. Guntram Berngruber war nicht zu beruhigen gewesen. Er hatte nach Entdeckung des unheimlichen Fundes die Polizei gerufen und Anzeige gegen Unbekannt erstattet. Die beiden Beamten hatten wenig Freude gehabt, am Heiligen Abend auf dem *Göldnerhof* zu ermitteln. Sie hielten das Ganze für einen Lausbubenstreich und sahen in ein paar Wäschestücken keine Bedrohung, Raunacht hin oder her. Jutta Ploch gab den Polizisten insgeheim recht. Dennoch hatte sie ein mulmiges Gefühl. Der aufgebrachte Hausherr hatte sich schlussendlich doch noch überreden lassen, ein kurzes Interview im Kuhstall zu geben und von den weihnachtlichen Legenden über sprechende Tiere zu erzählen. Danach waren sie aufgebrochen. Die charmante Idee von Angelina, in Juttas moderner Dachterrassenwohnung mit der Räucherpfanne durch die Zimmer zu marschieren, hatten sie verworfen. Jutta hatte bis auf Weiteres die Nase voll von Raunachtritualen.

Am Christtag hatte die Journalistin ihren Gästen die Salzburger Altstadt gezeigt. Angelina war besonders angetan von den schmucken Holzhütten am Christkindlmarkt. Während Jutta und Mauro sich am Punschstand gütlich taten, zog Angelina alleine von Weihnachtsstand zu Weihnachtsstand. Den prallen Taschen zufolge, mit denen sie nach zwei Stunden auftauchte, hatte sie das Warenangebot des halben Marktes aufgekauft.

Am Stefanitag brachte Jutta den Regisseur und die Moderatorin zum Flughafen. Danach fuhr sie in die Redaktion ihrer Zeitung. Dort teilte ihr der diensthabende Nachrichtenredakteur mit, dass eine Meldung eingegangen sei, wonach ein hohes Tier aus einem osteuropäischen Staat in den kommenden Tagen samt Gattin und Töchterlein Salzburg aufsuchen wolle. Jutta hörte kaum zu. Staatsbesuche, ob offiziell oder inoffiziell, waren nicht ihr Revier. Außer, es verirrte sich eine Präsidentengattin zu einer Konzertaufführung ins Große Festspielhaus. Dann gab es eventuell Überschneidungspunkte mit ihrer Arbeit. Sie hatte mit Mauro und Angelina vereinbart, dass sie die beiden am 5. Jänner gegen Mittag vom Flughafen abholte. Dann würden sie gemeinsam in den Pongau aufbrechen. Die letzte Etappe ihrer Dokumentation war den Salzburger Perchtenbräuchen gewidmet. In ihrer

Kindheit hatte Jutta Ploch einmal einen der Perchtenläufe besucht. Wenn sie sich recht erinnerte, war das im Gasteinertal gewesen. Inzwischen war sie aufgrund der Vorbereitungen als Konsulentin für das RAI-Fernsehteam fast schon zur Brauchtumsexpertin geworden. Der große Pongauer Perchtenlauf fand alljährlich am 6. Jänner, dem Dreikönigstag, statt. Im Rhythmus von vier Jahren abwechselnd in den Gemeinden Altenmarkt, Bad Gastein, Bischofshofen und St. Johann im Pongau.

Mauro Catana hatte sich in Vorgesprächen mit Jutta über die Besonderheiten der verschiedenen Perchtenfiguren und die Rituale des Umzugs informieren lassen.

Die starke Präsenz der Perchtenbräuche im Salzburger Land hatte den Regisseur dann auf die Idee zum roten Faden für diese Weihnachtsdokumentation gebracht.

Die Serie, die er zusammen mit seinem Team für die RAI produzierte, sollte den Titel

›*I parenti della befana*‹ tragen, also ›Die Verwandten der Befana‹.

»Du musste wissen, Jutta, als *bambino* ich bin immer gesessen und habe gewartet, dass mir *la befana* Geschenke bringt. Heute manchmal schon bringt *Santa Claus* für Kinder in Italia Geschenke oder sogar *Bambin Gesù*, also die Christkind. Aber in alter *tradizione* die Kinder werden beschenkt von *la befana*. Die fliegt mit die Besen in der Nacht von die 5. auf die 6. *gennaio* von Haus zu Haus. Ich bin oft gestanden an die Fenster und habe mit große Augen geschaut, ob ich sehe *la befana*. Aber lange nicht ich habe gewusst, dass *la befana* hat die Verwandte auf die andere Seite der Alpen, welche heißt *Frau Perchta*.«

Jutta Ploch war das auch bis zu ihren Recherchen nicht bewusst gewesen. Der Name *Befana* kommt von *Epifania*, der italienisch-lateinischen Bezeichnung für das Fest der Heiligen Drei Könige, das am 6. Jänner gefeiert wird. Die *Befana* wird gerne als Hexe dargestellt oder als weiblicher Dämon. Sie ist gut und böse zugleich. Sie bringt Geschenke, aber sie bestraft auch. Damit erinnert sie stark an die Figur der alpenländischen *Percht*. Im Namen dieser legendenumwobenen Figur steckt das althochdeutsche Wort für *hell, glänzend, strahlend.* Die *Percht*, oder *Frau Perchta*, ist eine Sagengestalt, die ähnlich wie die *Befana* in den weihnachtlichen Raunächten umgeht. Besonders präsent ist die rätselhafte Frau in der letzten Raunacht, vom 5. auf den 6. Jänner. Da stellen die Bäuerinnen der Überlieferung nach gerne Süßigkeiten auf den Tisch, für *Frau Perchta* und die unschuldigen Kinder, die sie begleiten. Diese Kinder symbolisieren nichts anderes als die Seelen der Verstorbenen. Hinter der Figur der *Frau Perchta* steckt die Vorstellung von alten keltischen und auch germanischen Muttergottheiten, die einerseits für Fruchtbarkeit stehen, zugleich aber immer auch Beschützerinnen der Seelen sind. Diese Göttinnen bringen das Leben wieder, garantieren die Auferstehung und ermöglichen den Kreislauf des Lebens. Aber so wie bei der Weihnachtshexe *Befana* stecken auch in der Figur der *Frau Perchta* zwei Seiten. Sie verkörpert gleichzeitig das Helle und das Dunkle, das Leben und das Sterben. Deshalb ist ihre Zeit auch die Periode der Wintersonnenwende, wo das Leben sich in den Boden, in den Schoß von Mutter Erde zurückzieht, um dann mit dem wieder stärker werdenden Licht erneut aufzublühen. Dieser doppelte Aspekt der Perchtenfigur kommt in vielen Sagen zum Ausdruck. Manchmal überwiegt in den überlieferten Geschichten nur mehr der dunkle Aspekt, wird die strahlende Muttergöttin zur hässlichen Hexe diffamiert. Daran sind schon spätere Eingriffe und Versuche der Umdeutung zu erkennen. Oft werden die vielen Seiten der Frau Perchta auch auf mehrere Figuren verteilt, einerseits auf Lichtgestalten und andererseits auf teuflische Wesen. Von diesen Phänomenen würde Mauro Catana mit seinem Team beim großen Pongauer Perchtenlauf einiges mitbekommen. Darauf hatte sie den Regisseur schon bei den Vorbereitungen hingewiesen.

Jutta freute sich auf den letzten Abschnitt der TV-Dokumentation. Sie würde Mauro, Angelina und Kameramann Carlo Tortello wiedersehen. Zugleich war sie froh, wenn diese Arbeit endlich beendet war. Sie hatte versucht, die unerfreulichen Zwischenfälle bei den bisherigen Dreharbeiten zu vergessen. Aber es war ihr nicht ganz gelungen. Ausgerechnet in der Silvesternacht, in der Raunacht zum Jahreswechsel, war sie um vier Uhr morgens hochgeschreckt. Gespenstisch flatternde weiße Leintücher mit Totenkopfmasken waren durch ihren Traum gegeistert.

Mauro hatte schon im Sommer bei der ersten Vorbesprechung beschlossen, nach den Dreharbeiten am *Göldnerhof* zu den Bräuchen rund um *Thomasnacht* und *Christnacht* für den letzten Teil der Dokumentation Albin, den Bruder von Guntram Berngruber, in den Mittelpunkt zu rücken. Albin Berngruber bekleidete eine besondere Funktion. Er war *Perchtenhauptmann*. Der

Perchtenhauptmann ist der Anführer des Perchtenzuges und kommandiert die sogenannten *Schönperchten* bei den jeweiligen Reverenzen, den Ehrenbezeugungen, gegenüber bestimmten Familien des Ortes.

Merana hatte gleich nach seiner Rückkehr an den Sicherheitsplänen zum Besuch des osteuropäischen Ministerpräsidenten mitgearbeitet. Er stand in enger Verbindung mit dem Kommandanten der *Cobra*, der Antiterroreinheit, die in der Stadt stationiert war. Aber Silvester und Neujahr verliefen ruhig, wenn man von dem Gegröle einiger Besoffener und dem fröhlichen Rummel der ausgelassen Feiernden absah. Die Staatsbrücke wurde um Mitternacht zur Tanzfläche. Einheimische und Touristen, vor allem aus Italien und Frankreich, drehten sich zu den Klängen des *Donauwalzers*, während über der Stadt die Lichterfontänen eines Feuerwerks explodierten.

Sonst krachte nichts, sehr zur Beruhigung der Polizeieinsatzkräfte. Der Herr Ministerpräsident ließ das Töchterchen noch in Begleitung von fünf Bodyguards durch den Christkindlmarkt schlendern, dann verzog sich die Familie nach Tirol zum Skifahren. Dorthin brach auch Jutta am Abend des Neujahrstags auf, um ihre Schwester zu besuchen und bei dieser Gelegenheit die eine oder andere Spur in einen verschneiten Hang zu ziehen.

5. JÄNNER

Sie war rechtzeitig am Tag vor Dreikönig zurück, um Mauro und Angelina am Flughafen zu erwarten. Auf der Tauernautobahn herrschte starker Verkehr. Eine große Menge an Leuten wollte nach Bischofshofen, wo am nächsten Tag das letzte Skispringen der Vierschanzentournee stattfand. Aber trotz des zeitweiligen Staus kamen Jutta Ploch und ihre Freunde rechtzeitig im Pongau an, um Carlo Tortello und Assistent Edwin Hiller abzuholen. Gemeinsam fuhren sie dann zum Bauerngut von Albin Berngruber, dem *Dreieichenhof*. Zum Anwesen gehörte auch ein riesiges Grundstück, über das ein Teil der neu errichteten Liftanlage und Skipiste führte. Albin Berngruber bekleidete das Amt des Perchtenhauptmannes seit über 20 Jahren, sein Bruder Guntram war Anführer der Schiachperchten. Der Hofbesitzer empfing Jutta und das italienische Team vor dem Haus. Den ehemaligen Stall, der zum Anwesen gehörte, hatte Albin Berngruber zu einem kleinen Museum umgebaut. Er sammelte Masken aus dem gesamten Alpenraum, Kultgegenstände, die mit dem vielgestaltigen Figurenreichtum der Weihnachts- und Winterzeit zu tun hatten. An den Mauern hingen geschnitzte Larven von Pongauer Schiachperchten neben Tiroler Fasnachtsmasken. Grimmige Bärenköpfe schauten von den Wänden auf die Besucher herab, flankiert von langschnäuzigen Kopfbedeckungen der Habergeiß. Schönperchtenrequisiten mit Bändern und Spiegeln glänzten zwischen lustigen Larven von Schnabelperchten. Dazu konnte der Betrachter alte Plakate und Fotos bestaunen, die Szenen aus Perchtenumzügen zeigten. Auf einer kleinen Werkbank fanden sich allerlei Geräte, eine Säge, ein Beil, mehrere Stemmeisen und alte Handbohrer. Mauro Catana ließ den Perchtenhauptmann vor laufender Kamera Herkunft und Gebrauch einiger Masken erklären. Dazu machten sie eine Serie von Schnittbildern, die später bei der Nachbearbeitung im Studio mit Musik oder Kommentaren versehen würden: der Perchtenhauptmann auf dem Weg über den Hof zu seinem Museum; der Perchtenhauptmann, der eine neu erworbene Maske in seiner Sammlung platziert; der Perchtenhauptmann, der in alten Erinnerungsalben mit Fotos von Umzügen blättert.

Als sie mit den Aufnahmen fertig waren und wieder ins Freie traten, war es draußen schon dunkel. Albin Berngruber lud die Fernsehleute ein, ihnen auch noch das Wohnhaus zu zeigen und sie mit einer Jause zu bewirten. Doch das Team wollte zurück ins Hotel.

»Schön haben Sie es hier«, bemerkte Jutta Ploch beim Abschied. »Ist das Ihr Heimathof?«

Der Besitzer schüttelte den Kopf. »Nein, aufgewachsen bin ich am *Göldnerhof*. Den hat nach dem Tod unserer Eltern mein Bruder übernommen. Guntram ist der ältere von uns beiden.«

»Und wie sind Sie zu diesem stattlichen Anwesen gekommen?«

»Den *Dreieichenhof* habe ich vor einigen Jahren erworben. Vielleicht möchten wenigstens Sie noch mit ins Haus kommen, Frau Ploch? Sie werden begeistert sein vom alten Nussholz in der Bauernstube. Und mein Vogelbeerschnaps ist auch nicht zu verachten. Sie können ja die Italiener vorausfahren lassen. Ich bringe Sie gerne später hinunter ins Tal.«

Die Journalistin blickte ihrem Gegenüber ins Gesicht. Wollte der Perchtenhauptmann sie anbraten? »Nein danke, Herr Berngruber. Nett gemeint. Aber ich bin müde. Ich sehe das Haus dann ja morgen früh.«

Sie vereinbarten sieben Uhr als Treffpunkt für den nächsten Tag. Mauro wollte den großen Tag des Perchtenhauptmanns möglichst umfangreich dokumentieren: die Vorbereitungen am Morgen, das Anziehen der Tracht, die Fahrt ins Tal zu den einzelnen Gruppen der Veranstaltung, die letzten Teambesprechungen vor dem Ereignis, das Aufstellen des Zuges, den Abmarsch und die mannigfaltigen Szenen während der Veranstaltung. Ein dichtes Programm für Albin Berngruber und für das Fernsehteam.

»*Va bene*!, wie man bei euch in Italien sagt. Dann gibt es morgen um sieben bei mir einen starken Espresso und süße Krapfen, bevor es losgeht. Einverstanden?«

Die Fernsehleute klopften dem Mann auf die Schulter, verabschiedeten sich und machten sich auf den Rückweg.

Merana hatte beschlossen noch zwei, drei Tage im Pinzgau bei der Großmutter zu verbringen. Er wollte auch die freundliche Einladung des pensionierten Oberförsters annehmen. »Das ist wunderbar, Martin.« Max Rebenberger war hörbar erfreut über den Anruf des Kommissars. »Dann komm doch mit der Großmutter am 5. Jänner abends zu uns. Wir haben eine besondere Überraschung für unsere Gäste. Dieses Jahr suchen uns die *Tresterer* auf.« Merana bedankte sich für das Angebot und sagte zu.

Er wusste, dass die Großmutter sich über diese Einladung besonders freuen würde. Einen Auftritt der berühmten *Tresterer* erlebte man nicht alle Tage. Und so saß Merana am Vorabend von Dreikönig zusammen mit einigen anderen Gästen in der großen Stube des alten Forsthauses und wartete auf den Perchtenbesuch. In seiner Kindheit war er manchmal ganz alleine während der Weihnachtszeit in eines der Nachbardörfer aufgebrochen, um der wunderlichen Perchtentruppe nachzuschleichen. Im Pinzgau sind mehrere *Tresterergruppen* beheimatet. Merana konnte sich noch gut erinnern, wie ihm das Herz bis zum Pulloverkragen gepocht hatte, als er eines Nachts, versteckt hinter dem Holzstoß eines Bauernhauses auf die Ankunft der Perchtenschar wartete. Noch bevor in der Dunkelheit etwas auszumachen war, hörte man schon das Geläut der großen Glocken, scheppernd und Furcht einflößend. Der Lärm kam näher, immer näher. Und dann tauchten sie auf, wie Wesen aus der Hölle. Die Nacht spie sie aus, die zotteligen Gestalten, die mit Gebrüll auf das Haus zupreschten. Plötzlich sah Merana wieder die grässliche Larve vor sich mit den langen Widderhörnern, die in jener Winternacht in seine Richtung geblickt hatte. Er erinnerte sich an den grässlichen Schrei des Unholds. Er hatte sich hinter dem Holzstoß in den Schnee fallen lassen und den Himmelvater angerufen, die Heilige Maria, den Heiligen Josef und alle übrigen Heiligen, die ihm noch aus der Religionsstunde geläufig waren. Er flehte darum, dass ihn der Höllische verschonen möge. Sein eindringliches Bitten musste gewirkt haben. Denn der Zottelige mit den Widderhörnern war nicht hinter dem Holzstoß aufgetaucht, sondern mit den anderen Teufelskerlen ins Haus gepoltert.

Und nun hörte er es wieder so wie damals, das Schellen der Glocken, das dröhnende Läuten. Noch war die Schar der höllischen Gestalten draußen in der Dunkelheit, aber sie kam näher. Obwohl Merana hier in der Stube als inzwischen erwachsener Mann saß, als gefahrenerprobter Polizist und Kriminalkommissar, konnte er dennoch nicht verhindern, dass beim Klang der dumpfen Glocken der Rhythmus seines Herzschlages anzog. Ein kalter Hauch zog kribbelnd über seinen Nacken. Auch die anderen am Tisch begannen unruhig zu werden. Je eindringlicher der Lärm der Glocken anschwoll, desto stärker wuchs die Mischung aus heiserem Gelächter und nervösem Herumwetzen auf den Stühlen. Die Frau des Hauses, Magdalena Rebenberger, legte den Arm beruhigend um die Schulter der zehnjährigen Nachbartochter. Sie drückte das Mädchen sanft an sich. »Musst keine Angst haben, Hannelore. Die tun dir nix!«

Und dann waren sie da, die Höllischen, stampften mit schweren Füßen durch das Vorhaus. Die Stubentür flog auf, und die pelzigen Gestalten stürzten in den Raum, brüllend, wild um sich schlagend, ein Haufen grässlicher Ungetüme. Das Mädchen vergrub das Gesicht an der Schulter der Oberförstersgattin. Auch die Mutter der Kleinen lehnte sich weit zurück, drückte ihren Rücken gegen die Ofenbank, nahm Abstand zu den teuflischen Kerlen. Kristina Merana hingegen beugte sich nach vor, um die Schar der Zotteligen eingehend zu betrachten. Die kunstvoll geschnitzten Teufelsmasken mit den fratzenhaften Gesichtern und den gewundenen Hörnern imponierten ihr. So gut es der eingeschränkte Platz in der Stube zuließ, tobten die Schiachperchten durch den

Raum. Sie drohten mit ihren Ruten und Kuhschwänzen, unterstrichen das Furchteinflößende ihres Auftrittes mit wildem Gekreische. Hannelore hob ein wenig das Gesicht und lugte vorsichtig durchs Zimmer. Keiner der haarigen Teufelskerle kam ihr zu nahe. Das beruhigte sie. Sie richtete sich auf und schaute mit wachsender Neugierde auf das Geschehen.

Merana hatte sich nie näher mit den Ritualen dieses uralten Brauchs beschäftigt. Aber er wusste, dass hinter dem Perchtentreiben die Symbolik von Dunkel und Hell steckte, von Erstarrung und wieder erwachendem Leben. Die Zottelwesen, die hier vor ihren Augen tobten, waren ein Sinnbild des grimmigen Winters, Boten der Dunkelheit. Plötzlich tauchte eine neue Gestalt in der Stube auf, sprang mit einem mächtigen Satz in den Raum. Merana erkannte einen jungen Mann, bunt gekleidet, mit einer Art Narrenkappe auf dem Kopf. »Das ist der Hanswurst«, flüsterte die Großmutter. »Der treibt jetzt die Schiachperchten hinaus.«

Tatsächlich begann der junge Mann mit einer Art länglichem Sack, einer ledernen ›Wurst‹, auf die Fellträger einzuschlagen. Die Hiebe waren nicht fest. Die Heftigkeit der Schläge wurde nur angedeutet. Einige der Gestalten fasste der Hanswurst auch an Rücken und Armen, drängte sie gegen den Ausgang. Eine Zeit lang wehrten sich die Schiachperchten gegen ihre Vertreibung, wie es das Spiel eben verlangte. Doch dann zogen sie allmählich ab. Kristina Merana beugte sich zum Kommissar.

»Jetzt bereitet der Hanswurst den Platz für die Schönperchten vor.« Die kasperlähnliche Gestalt nahm zwei Schritte Anlauf, drehte sich seitwärts und schlug auf dem alten Holzboden mit ausgestreckten Händen ein Rad. Diese Darbietung wiederholte die Figur noch dreimal. Dann drosch der Hanswurst mit seiner ledernen Keule auf den Stubenboden, deutete mit diesem Ritual die vier Himmelsrichtungen an. Darauf öffnete er die Tür. Nun war der Platz frei für die *Tresterer*. Der Hanswurst trat zur Seite. Die Schar der Schönperchten trippelte in den Raum, eine Gruppe von Männern. Sie waren in kunstvoll gefertigte Gewänder gekleidet, trugen große Hüte mit hellen Federbuschen. Von den Rändern der Hüte hingen lange bunte Bänder, die Gesicht und Rücken der Akteure verdeckten. Die Gruppe nahm Aufstellung. Dann begann der Tanz. Einige Schrittfolgen des Tanzes wurden von drei Musikanten begleitet, andere wiederum wurden ohne Musik ausgeführt. Die Männer zelebrierten ihre komplizierten Schrittpassagen mit höchster Konzentration, drehten sich im Kreis, ließen die Sohlen ihrer Schuhe auf die Bretter niederknallen, sprangen hoch und stampften wieder auf. Merana war beeindruckt. *Archaisch.* Ihm fiel kein besseres Wort für die kunstvolle Szenerie ein, die sich ihm bot. Unter den Masken der Tänzer verbargen sich Männer aus dem Ort, Gemeindebedienstete, Handwerksmeister, Postbeamte, Bauarbeiter, Nebenerwerbsbauern, Versicherungsangestellte, Menschen der Gegenwart. Und dennoch: Die flatternden Bänder vor den Gesichtern der Tänzer, die ruckartigen Bewegungen, die Präzision und Eindringlichkeit, mit der sie alle zugleich ihre Schritte auf den Boden stampften, machten die Darsteller zu Wesen aus einer anderen Zeit. Es war still im Raum. Keiner der Gäste sprach ein Wort. Alle beobachteten fasziniert das

Geschehen. Zu hören war nur das dumpfe Pochen, wenn die stampfenden Männer ihre Füße auf den Holzboden niedersausen ließen wie Trommelschläge. Der Tanz war anstrengend. Die Darbietung dauerte mehrere Minuten. Am Schluss blieben die Tänzer regungslos stehen. Ihre Gesichter waren hinter dem Vorhang aus bunten Bändern nicht zu erkennen. Dann trat einer aus der Gruppe einen Schritt vor.

»Die Tresterer wünschen an Fried, an Gsund und an Reim!«

Merana hatte diese Formulierung schon lange nicht mehr gehört. *An Fried, an Gsund und an Reim*. Friede, Gesundheit und Glück für die Bewohner dieses Hauses und deren Gäste. Die kleine Nachbarstochter strahlte und klatschte begeistert in die Hände. Die Hausleute bedankten sich für die Segenswünsche der Perchtengruppe. Sie hatten eine Jause für Tänzer, Musikanten und Gefolge vorbereitet. Auch die zotteligen Schiachperchten kamen zurück in die Stube mit abgenommenen Masken. Mit einem Schlag war die Stimmung gelöster, als sei man von einer Zeitreise über viele Jahrhunderte hinweg wieder im Hier und Jetzt angekommen. Merana war bekannt, dass das Wissen über die Ursprünge dieses Brauchs eher kärglich war. Vermutlich kam der Ausdruck *Trestern* vom Dreschen des Getreides durch Stampfen mit den Füßen. Diese Meinung war im Pinzgau sehr verbreitet. Einige Volkskundewissenschaftler sahen im Auftreten der Tänzer eher starke Bezüge zu Karnevalsumzügen aus der Renaissancezeit. Darauf verweise einerseits die Buntheit der Gewänder wie auch die Figur des *Hanswurst*, eines Verwandten des italienischen *Bajazzo*. Dass dieser Stampftanz etwas mit der Erweckung der Kräfte im Boden zu tun habe, sei eher eine Erfindung, behaupten die Volkskundler. Merana war es im Grunde egal, von wo dieser Brauch seinen Ausgang genommen hatte.

Er war kein Gelehrter. Das beeindruckende Stampfen auf dem Boden hatte bei ihm jedenfalls das Gefühl ausgelöst, etwas in seinem Inneren würde aufgeweckt. Und er würde die Wachheit seiner Sinne auch bald brauchen. Doch das wusste er zu diesem Zeitpunkt noch nicht, als er in der holzvertäfelten Stube des alten Försterhauses saß, umgeben von bunt gekleideten Schemen und Zottelwesen mit Hörnern und Kuhglocken, die aus der Dunkelheit gekommen waren, am Abend des 5. Jänner, in der letzten Raunacht des Jahres.

6. JÄNNER

Jutta Ploch hatte wieder schlecht geschlafen. Schuld daran waren aber dieses Mal keine wilden Träume mit weißen Totenköpfen, sondern die viel zu große Portion Speck, die sie gegen Mitternacht noch mit den trinkfesten Italienern und den freundlichen Wirtsleuten verdrückt hatte. Drei oder vier Schnäpse und zwei Speckbrote weniger hätten ihr besser getan.

Der Wecker schrillte um sechs Uhr morgens. Sie fuhr aus dem Bett hoch. In einer Stunde sollten sie auf dem *Dreieichenhof* sein, in knapp 40 Minuten war Abfahrt.

Noch zehn Minuten schlummern und dafür weniger gestylt zum Dreh kommen? Die Versuchung war groß, aber das Pflichtbewusstsein siegte. Sie stellte ihre nackten Füße auf den Teppich des Zimmers, reckte sich, nahm sich fünf Minuten Zeit für eine die Sinne stimulierende Kurzyogaübung, dann stapfte sie ins Badezimmer.

Als sie den *Dreieichenhof* erreichte, begann es ganz leicht zu dämmern. Die letzten Sterne am klaren Nachthimmel verblassten. Ein schöner Tag stand ihnen bevor. Carlo und Edwin packten ihre Gerätschaft aus, Jutta und Mauro begaben sich zum Haus.

»Ich hoffe, unser Perchtenhauptmann hat einen extra starken Kaffee aufgebrüht. Espresso, vierfach, das ist es, was ich jetzt brauche.« Der Regisseur zwinkerte der Journalistin zu. »Anch'io, bella mia.« Die Tür war versperrt. Sie suchten nach einer Klingel, fanden aber keine. Mauro begann an die Tür zu klopfen. Jutta Ploch rief Berngrubers Namen. Doch aus dem Haus kam keine Reaktion.

»Glaubst du, dass der Kerl verschlafen hat?«

Der Italiener zuckte mit den Schultern. »Vielleicht iste der Mann bei die *maschere* …«

Er deutete zum ehemaligen Stall. Das Gebäude war finster. Dennoch wollten sie nachschauen. Der Eingang war unversperrt. Der Regisseur öffnete die Tür, fand den Lichtschalter. Der Raum machte auf Jutta denselben sonderlichen Eindruck wie am Tag zuvor. Von den Wänden grinsten grässliche Fratzen, Larven mit Hörnern und zotteligen Fellen, Tiermasken und Karnevalsschemen. Aber etwas war anders als beim letzten Mal. Auf dem Boden, zwischen Bärenköpfen und Teufelsmasken, lag eine verkrümmte Gestalt, halb verdeckt von einem weißen Tuch. Die rechte Hand der Gestalt hatte sich um ein Kuhhorn verkrampft. Das Horn war Teil eines Schiachperchtenkopfes, der halb unter dem Körper hervorlugte. Die Person war tot, das war auf den ersten Blick zu erkennen. Auf der Stirn des Mannes befand sich etwas, das dort nicht hingehörte. Dem Perchtenhauptmann Albin Berngruber war der Schädel gespalten worden. Das Beil steckte noch im Kopf.

Merana hätte nicht gedacht, dass ihm so bald nach dem Auftritt der *Tresterer* erneut Perchten unterkommen würden. Aber er war förmlich eingekreist von diesen zwielichtigen Wesen. Sie starrten mit hohlen Maskenaugen von den Wänden eines ehemaligen Stalles. Und mitten in dieser Ansammlung grotesker Erscheinungen lag ein Toter mit einer Axt im gespaltenen Schädel. Jutta Ploch hatte ihn persönlich angerufen, er hatte daraufhin die Kollegen der örtlichen Polizeiinspektion verständigt. Der Kommissar war knapp nach der Spurensicherung eingetroffen. Den Schlüssel für das Wohnhaus hatte Merana in der Tasche des Toten gefunden. Jetzt saßen sie in der großen Küche des alten Bauernhauses. Der Mann am oberen Ende des Tisches hielt den Kopf auf die Hände gestützt und flüsterte immer wieder: »Die Zeichen waren da. Ich hätte es wissen müssen. Die Zeichen waren von Anfang an da.«

Der Mann war Guntram Berngruber, der Bruder des Toten. Der Kommissar hatte sich bei seiner Ankunft von der Journalistin kurz ins Bild setzen lassen. Jutta Ploch hatte ihm von den sonderbaren Vorfällen erzählt, von dem Totenkopf unter dem Hut, von der weißen Wäsche im Stall. Daraufhin hatte Merana Bezirksinspektor Ludwig Trommler, den Leiter der örtlichen Polizeiinspektion, ersucht, den Bruder des Toten herzubringen. Der Kommissar hatte sich in der Zwischenzeit im Haus umgesehen, Schlafzimmer und Büro durchsucht. Von Polizeiarzt Richard Zeller war Merana auch über den möglichen Tathergang unterrichtet worden. Die Leiche wies zwei große Wunden auf. Albin Berngruber hatte einen Schlag auf den Hinterkopf erhalten, war dadurch wohl gestürzt. Danach hatte man ihm von vorne den Schädel mit der Axt gespalten.

Merana blickte in die Runde. Der grausige Leichenfund in der bizarren Umgebung der fratzenhaften Masken hatte allen schwer zugesetzt. Angelina Biancella nahm schon zum dritten Mal eine Beruhigungstablette aus ihrer Handtasche. Der italienische Kameramann und der einheimische Assistent hielten die Köpfe gesenkt, starrten auf die Tischplatte. Die Journalistin stand auf, ging zur Kaffeemaschine neben dem Kühlschrank und drückte sich einen weiteren Espresso heraus. Das war schon ihr dritter. Nur Mauro Catana strahlte professionelle Ruhe aus. Er beobachtete mit wachen Augen den um Fassung ringenden Bruder des Toten.

Man hatte den Eindruck, als überprüfe ein Regisseur das Talent eines Schauspielers. Wie viel von der zur Schau gestellten Verzweiflung Guntram Berngrubers echt war, interessierte auch den Kommissar.

»Was hätten Sie aufgrund welcher Zeichen wissen müssen, Herr Berngruber?«

Der Mann am Tischende hielt weiterhin den Kopf auf

seine Hände gestützt. Seine Stimme klang brüchig. »In den Raunächten gelten besondere Regeln, Herr Kommissar. In den weihnachtlichen Nächten zwischen Wintersonnenwende und Dreikönig wird die Zukunft greifbar, wenn man die Zeichen versteht.« Jetzt blickte Guntram Berngruber auf, seine Augen begannen zu flackern. »Und wir haben zwei Mal ein Zeichen bekommen, dass jemand aus der Runde bald sterben wird.« Das Flackern in den Augen wurde intensiver. »Wer hätte aber gedacht, dass es ausgerechnet meinen Bruder trifft!« Er starrte ins Leere.

»Gehen wir einmal davon aus, dass keine übernatürlichen Kräfte im Spiel waren, Herr Berngruber. Dann muss es eine Erklärung dafür geben, wie der Totenkopf unter den Hut und die weiße Wäsche in Ihren Stall kamen. Haben Sie eine Vorstellung, wer dahinterstecken könnte?«

Der Mann starrte immer noch geradeaus. »Nein, Herr Kommissar. Aber allmählich frage ich mich, ob tatsächlich ein Mensch hinter den seltsamen Vorgängen steckt. In den Raunächten ist alles möglich. Ich habe das Gefühl, über all dem sonderbaren Geschehen liegt ein Fluch.«

Glaubte der Mann tatsächlich an diesen Schwachsinn? Oder versuchte er, hier nur eine Show abzuziehen? Es wurde Zeit, die Daumenschrauben ein wenig anzuziehen.

»Wann haben Sie Ihren Bruder zuletzt lebend gesehen, Herr Berngruber?«

»Gestern Mittag. Wir haben uns mit den anderen aus dem Organisationsteam für den Perchtenumzug getroffen. Die Besprechung dauerte etwa eine Stunde.«

»Und danach?«

»Nicht mehr.«

Merana ließ sich Zeit, ehe er die nächste Frage in den Raum stellte.

»Aber Sie waren gestern Abend hier.«

Guntram Berngruber erwachte aus seiner stumpfen Haltung. Für einen Moment blitzte ein Ausdruck von Wachsamkeit in seinem Gesicht auf. Er zögerte mit der Antwort. Entschloss sich dann offenbar, Meranas Anmerkung zu bestätigen. »Sie haben recht, Herr Kommissar. Albin hat mir eine SMS geschickt. Er wollte mit mir reden.« Das wusste Merana bereits. Er hatte neben dem Haustürschlüssel auch das Handy des Toten in dessen Jackentasche gefunden. Die letzte der gesendeten Mitteilungen lautete: *Komm sofort zu mir herüber. Muss dich dringend sprechen. Albin.* Die Nachricht war um 22.57 Uhr rausgegangen.

»Und haben Sie Ihren Bruder angetroffen?«

»Nein. Das Haus war verschlossen, alles finster. Ich habe geklopft und gerufen.

Habe auch versucht, ihn anzurufen. Aber er hat sich nicht gemeldet.«

Auch diesen Anruf hatte Merana am Handy des Toten registriert. Die Anrufzeit war 23.32 Uhr. »Haben Sie sich nicht darüber gewundert, dass Ihr Bruder nicht da war, obwohl er Ihnen eine so dringende Nachricht schickte?«

»Natürlich habe ich mich gewundert. Aber Albin neigte manchmal zu sonderbaren Scherzen.«

»Haben Sie auch im Stall nachgesehen, bei den Masken?«

»Nein, habe ich nicht. Hätte ich dort Licht gesehen, wäre ich wohl hinübergegangen. Aber es war alles finster.«

Noch immer beobachtete Mauro Catana den Befragten wie der Regisseur einen Schauspieler beim Vorsprechen für eine Rolle.

»Haben Sie eine Idee, worüber Ihr Bruder mit Ihnen zu so später Stunde reden wollte?«

Zum ersten Mal sah Guntram Berngruber den Kommissar direkt an. »Keine Ahnung. Vielleicht war ihm noch etwas zum heutigen Perchtenlauf eingefallen. Vielleicht wollte er mit mir die Anzahl der Reverenzen beim Umzug noch einmal besprechen. Ich weiß es nicht. Wie gesagt, Albins Launen waren manchmal sprunghaft.«

Der Kommissar griff hinter sich, nahm den kleinen Schnellheftordner, den er auf dem Fensterbrett deponiert hatte, und warf ihn auf den Tisch.

»Vielleicht wollte Ihr Bruder darüber mit Ihnen reden.«

Der Mann erschrak, als der schmale Ordner auf ihn zusegelte. Er prüfte mit einem kurzen Blick das oberste Blatt, dann starrte er den Kommissar mit aufgerissenen Augen an.

»Diese Unterlagen fand ich neben dem PC Ihres Bruders. Es sind Bankauszüge. Demnach hat Ihnen Ihr Bruder in den letzten zwei Jahren immer wieder größere Summen überwiesen. Warum?«

In Guntram Berngrubers bleiches Gesicht stieg etwas Farbe. »Was soll diese Frage? Albin hat mir Geld geschuldet, und er hat es mir zurückgezahlt.«

Nun mischte sich zum ersten Mal jene Person ein, die ebenfalls seit Anfang der Unterredung im Raum war, aber bisher, an der Tür stehend, geschwiegen hatte: Bezirksinspektor Ludwig Trommler.

»Was erzählst du da für faule Geschichten, Guntram? Jeder im Ort weiß, dass es genau umgekehrt ist. Du bist hoch verschuldet. Dein ganzes Anwesen gehört ohnehin schon der Bank, seit du dich damals mit deinem idiotischen Freizeitpark-Projekt verspekuliert hast.«

»Das ist eine infame Unterstellung!« Guntram Berngruber fuhr zornig fauchend von seinem Sitz hoch und stieß dabei heftig gegen den Tisch. Jutta Ploch schrie auf. Durch den Stoß war die Espressotasse von der Tischplatte gekippt. Ein hässlicher dunkler Fleck machte sich auf der hellen Hose der Journalistin breit. Sie sah sich in der Küche um. Der junge Mann reagierte am schnellsten. Edwin Hiller sprang auf, öffnete eine der Schranktüren und griff nach einem weißen Behälter. Dann zog er eine Schublade auf, schnappte sich eine Stoffserviette und kam zurück zum Tisch. Er streute Salz auf Juttas Hose und versuchte, mit der Serviette den Fleck zu bearbeiten. Die Journalistin musste trotz der beklemmenden Situation über den Eifer des jungen Mannes lächeln. »Danke, Edwin, das ist sehr lieb von dir. Wir lassen den Fleck besser eintrocknen, dann ist er leichter zu behandeln.« Der Assistent nickte, seine Ohren wurden rot. Merana betrachtete die Szene. Dann schnauzte er Guntram Berngruber an. »Sie setzen sich auf der Stelle wieder hin! Ich erwarte von Ihnen, dass Sie sich dem Anlass entsprechend benehmen.« Der Göldnerhofbauer gehorchte. Aber die Wut in seinen Augen war immer noch gegen den Revierinspektor gerichtet. »Ich verbiete dir derartige Verleumdungen, Ludwig! Noch ein Wort und du lernst meinen Rechtsanwalt kennen.«

Das ließ sich nun der Postenkommandant nicht bieten. »Du weißt genau, dass ich die Wahrheit sage, Guntram. Ich mische mich hier nicht in die Ermittlungen ein, der Chef der Kriminalpolizei wird schon seine eigenen Schlüsse ziehen. Aber an einigen Fakten lässt sich nicht rütteln. Tatsache ist, dass du hoch verschuldet bist und knapp vor dem Ruin stehst. Das wird sich nach einer Erkundigung bei der Bank schnell bestätigen. Tatsache ist auch, dass Albin reich war. Schon allein die Pacht, die er von der Liftgesellschaft für den Grund bekommt, ist enorm. Er hat dir in den letzten Jahren immer wieder Geld vorgeschossen. Und noch etwas sollte dabei auch zur Sprache kommen: Wenn du schon von einem Fluch faselst, dann muss ich dem hinzufügen: Ja, über diesem Anwesen, über dem *Dreieichenhof,* liegt tatsächlich ein Schatten. Die Art und Weise, wie Albin vor 20 Jahren zu diesem Besitz gekommen ist, stinkt immer noch zum Himmel! Und du hast ihm dabei geholfen!«

Wieder hielt es den anderen nicht auf seinem Sitz. Die Kulturjournalistin sicherte ihre Espressotasse.

»Das ist eine noch größere Verleumdung! Es war alles rechtens, das weißt du, gerichtlich bestätigt. Der Köhler hat den Hof verspielt. Das war allein seine Schuld. Er hätte ja nicht den Einsatz so hoch hinauftreiben müssen.«

Noch bevor Merana reagieren konnte, setzte sich der Postenkommandant in Bewegung. Er machte zwei Schritte auf Guntram Berngruber zu und drückte ihn zurück auf dessen Stuhl. »Ich kann nicht sagen, was rechtens war. Ich war ja nicht dabei. Die Aussagen standen drei zu eins.«

»Das ist pietätlos bis ins Letzte!« Der Mann wandte sich mit einem Hilfe suchenden Blick an Merana. »Herr Kommissar, mein Bruder liegt in seinem Blut drüben im Maskenmuseum, erschlagen von unbekannter Hand.

Und der Herr Revierinspektor rührt da völlig zusammenhanglos alte Geschichten auf, gespickt mit Unterstellungen, die allesamt aus der Luft gegriffen sind.«

Er erhob sich, dieses Mal ohne an den Tisch zu stoßen. »Ich habe genug von diesem Theater hier, ich muss sofort hinunter ins Dorf. In einer Stunde geht der Umzug los. Ich muss an die Stelle meines toten Bruders treten. Die Perchten brauchen mich!«

Merana traute seinen Ohren nicht. Dachte der Mann allen Ernstes, er könne jetzt einfach ins Tal hinunterfahren, um am Maskentreiben teilzunehmen?

Auch Mauro Catana war beim Stichwort ›Umzug‹ aufgestanden. »*Signor Commissario*, ich weiß, diese Sache hier ist *molto horribile*. Aber wenn Sie nicht mehr brauchen die Leute aus meine Team, dann wir müssen an die Arbeit, *prontissimo*.« Und zu Meranas größter Verwunderung sprach sich auch der Postenkommandant dafür aus, Berngruber gehen zu lassen. »Herr Kommissar, der Perchtenumzug findet nur alle vier Jahre bei uns statt. Die Veranstaltung ist ein riesiges Ereignis für den ganzen Ort. Zehntausende Besucher warten auf die Perchten. Nachdem der Albin tot ist, tritt laut Reglement dessen Bruder an seine Stelle. Die Schönperchten brauchen einen Hauptmann, sonst können sie ihre Reverenzen während des Zuges nicht ausführen. Lassen Sie den Guntram ins Tal. Sie können die Ermittlungen ja nach Ende der Vorstellung fortführen.«

Wo bin ich hier hineingeraten? Einen Augenblick lang wusste Merana nicht, ob sich hier alle zu einer absurden Komödie verschworen hatten. Ein Mord war passiert. In Albin Berngrubers Kopf steckte ein Beil. Die Axt war weder durch Geisterhand noch durch einen anderen mysteriösen Umstand dorthin gekommen. Erste Indizien für ein mögliches Motiv seitens des Bruders hatten eben Gestalt angenommen, und der Chef der Kriminalpolizei sollte ausgerechnet jetzt den Verdächtigen gehen lassen? Damit dieser in einem elendslangen Zug voller wunderlicher Gestalten mit einem Säbel in der Hand eine Schar von Männern kommandierte, die sich mit großen Holzkonstruktionen auf den Köpfen vor ausgewählten Besuchern des festlichen Treibens verneigten? Er warf Jutta Ploch einen Blick zu. Doch die Journalistin tat nichts dergleichen. Sie machte sich ebenfalls fertig zum Aufbruch, stellte die leere Espressotasse in die Spüle. Mauro Catana schaute fragend zum Kommissar. Gut, das italienische Fernsehteam konnte er entlassen. Er gab dem Regisseur einen Wink. Der war sichtlich erleichtert. »Andiamo!« Die Mitglieder des Teams erhoben sich. Angelina Biancella wirkte immer noch sehr mitgenommen. Sie schwankte, hakte sich beim Kameramann unter. Jutta Ploch folgte den beiden.

»Und nun zu Ihnen, Herr Berngruber.« Plötzlich hielt Merana inne. Etwas wie eine Ahnung war in seinem Kopf aufgeflackert. Ganz kurz nur, wie das Vorbeihuschen eines Schattens. Er konnte den schemenhaften Gedankenfetzen nicht fassen. Es war ihm etwas aufgefallen, ohne dass er es bewusst registriert hatte. Wann? Bei seiner Ankunft? Bei der Untersuchung der Leiche? Bei seinem Rundgang durchs Haus? Bei den Ermittlungen in diesem Raum? Es war nur eine Kleinigkeit. Etwas, das nicht ins Bild passte. Er starrte vor sich hin.

»Herr Kommissar, Sie wollten etwas sagen?« Die

Stimme von Guntram Berngruber holte ihn aus seinen Betrachtungen. »Kann ich jetzt der mir auferlegten Pflicht nachkommen?« Merana wandte sich ihm zu. Was war das für ein Mann, der den Eindruck vermittelte, an Raunachtspuk zu glauben. Der genau wusste, dass der eigene Bruder keine 300 Meter entfernt erschlagen in einem Privatmuseum lag, und dem im Augenblick nichts wichtiger zu sein schien, als einen Haufen von maskierten Männern zu kommandieren? Vielleicht sollte er ihn gehen lassen, ihn bei seinem Treiben beobachten, um sich ein noch besseres Bild zu verschaffen.

Der Kommissar drehte sich zum Postenkommandanten. »Gut, Herr Kollege. Lassen sie ihn hinunter in den Ort bringen. Stellen Sie zwei Ihrer Leute ab, die den neuen Perchtenhauptmann ständig im Visier haben. Und warten Sie bitte auf mich im Hof, ich komme gleich nach.«

Er schaute zu, wie die beiden Männer den Raum verließen. Dann setzte er sich an den Tisch und versuchte, sich wieder auf die Eingebung von vorhin zu konzentrieren. Was war ihm aufgefallen? Er kam nicht dahinter. Er fühlte sich wie einer der Perchtentänzer, die er am Abend zuvor in der alten Stube des Forsthauses erlebt hatte. Auch er hatte den Blick nicht frei. Auch vor seinem Gesicht schienen bunte Bänder zu baumeln, wie vor den Köpfen der *Tresterer*. Dieser wirre Vorhang verschleierte den Blick auf das Wesentliche.

»Liebe Familie Stockinger, die Pongauer Perchten wünschen euch an Fried, an Reim und an Gsund!« Applaus rauschte durch die Hauptstraße. An die 10.000 Besu-

cher säumten den langen Weg, den der Zug vom Ortsrand bis ins Zentrum nahm. Immer wieder stockte die Kolonne, um den Schönperchten Gelegenheit zu geben, ihre Reverenz zu erweisen. Auch jetzt hatte der neue Perchtenhauptmann Guntram Berngruber die Gruppe der Schönperchten vor einem der Bürgerhäuser am Eingang zum Ortszentrum anhalten lassen. Der Glückwunsch des Hauptmanns war verbunden mit einer genau festgelegten Form der Ehrenbekundung. Nicht jeder im Ort kam in den Genuss dieser Reverenz. Die Liste der Auserwählten wurde vor Beginn des Zuges genau festgelegt und wechselte von Jahr zu Jahr. Martin Merana hatte sich unter die Besucher gemischt, begleitet vom Postenkommandanten. Jutta Ploch war beim Team, um als Dolmetscherin die Dreharbeiten zu unterstützen. Der Kommissar hatte schon seit mehr als 20 Jahren keinen Perchtenumzug mehr miterlebt und war überrascht vom enormen Zuschauerandrang. Ohne Unterstützung durch die uniformierten Kollegen wäre es fast unmöglich gewesen, durchzukommen. Merana hatte sich vom Postenkommandanten in den Ort bringen lassen und ihn während der Fahrt nach dessen Einschätzung zum vorliegenden Fall gefragt. Ludwig Trommler versuchte, bei seinen Angaben eine objektive Haltung an den Tag zu legen, aber es war unschwer herauszuhören, dass er von den Berngruber Brüdern noch nie viel gehalten hatte. Der Kommissar wollte auch wissen, was der Revierinspektor vorhin gemeint hatte, als er die möglicherweise unsauberen Begleitumstände beim Besitzerwechsel des *Dreieichenhofes* ansprach. Das sei damals eine Tragödie gewesen, erfuhr Merana. Der vorige Besitzer, Konrad Köhler, sei nicht gerade vom Glück verfolgt worden. Zuerst war ihm bei der Geburt des Sohnes die Ehefrau gestorben, was den Mann zur Verzweiflung trieb. Dann begann er zu saufen und zu spielen. Schließlich hatte er in einer einzigen Nacht seinen Hof beim Kartenspiel verloren. An Albin Berngruber. Die anderen beiden Mitspieler waren Albins Bruder Guntram und Hans Trollinger gewesen. Zwei Monate nach dem Verlust des Hofes hatte sich Konrad Köhler vor den Zug geworfen.

»Dem Trollingerbauern ist das später sehr nahe gegangen, Herr Kommissar. Ich weiß das. Er wollte mit mir reden. Das war kurz vor Weihnachten. Doch es kam nicht mehr dazu. Er ist bei Holzarbeiten verunglückt. Und ich kann mich bis heute nicht des Eindrucks erwehren, dass der Hans damals nicht von alleine in die Schlucht stürzte.«

Spielte der Revierinspektor hier auf ein mögliches Mordmotiv an? Hatte Guntram bei diesem Unfall nachgeholfen und war von Albin erpresst worden? Oder war es umgekehrt gewesen?

»Wer erbt den Besitz? Hatte Albin Berngruber Kinder?«

»Nein. Das gesamte wunderschöne Anwesen des *Dreieichenhofes* und das fette Bankkonto von Albin gehen wohl an den sauberen Herrn Bruder und dessen Familie.«

An diese Bemerkung des Postenkommandanten musste Merana denken, als er die Gruppe der Tafelperchten und deren Hauptmann bei ihrer nächsten Reverenz beobachtete. Der Zug war lang, die Anzahl der Mitwirkenden groß. Nicht nur Schönperchten und Schiachperchten waren zu bewundern. Unter den Teilnehmern am ausgelassenen Treiben fanden sich noch zahlreiche weitere sagenhafte Figuren: Glockenperchten, Schnabelperchten, Bärentreiber, Baumweber und Habergeiß. Merana konnte sogar einen Lindwurm ausmachen, einen Henker, mehrere Wilderer und Jäger, dazu Peitschenschwinger hoch zu Roß und zahlreiche Musikanten. Die Kunde vom rätselhaften, gewaltsamen Tod des alten Perchtenhauptmanns hatte sich im Ort wie ein Lauffeuer verbreitet. Guntram Berngruber hatte die rund 150 Teilnehmer auch zu einer Schweigeminute für seinen toten Bruder verharren lassen, ehe sich der Zug auf sein Kommando hin in Bewegung setzte. Merana hatte den neuen Perchtenhauptmann ab dem Ortseingang mit großer Aufmerksamkeit beobachtet, doch seine Gedanken schweiften dennoch immer wieder ab. Es war ihm nach wie vor ein Rätsel, was er von diesem grotesken Fall halten sollte. Von den Ergebnissen der Spurensicherung erwartete er sich nicht viel. Selbst wenn die Techniker DNA-Hinweise auf der Mordwaffe fanden, musste das noch nicht zwangsläufig zu einem eindeutigen Ergebnis führen. Guntram Berngruber war auf dem Hof seines Bruders aus und ein gegangen. Da gab es viele Gelegenheiten, bei denen er das Beil von der kleinen Werkbank in die Hand genommen hatte, um Albin beim Hantieren in dessen Perchtenstall zu helfen. Tatortspuren würden den Mann nicht überführen, davon war Merana überzeugt. Wenn ihm nur einfiele, was sein Unterbewusstsein abgespeichert hatte und nicht an die Oberfläche ließ. Er glaubte dem Besitzer des *Göldnerhofes* nicht so recht, dass jemand Fremder die gespenstisch anmutenden Gegenstände untergeschoben hatte. Wer hatte schon Gelegenheit, den Totenkopf unter einen der Hüte zu schmuggeln oder die weiße Wäsche im Stall aufzuhängen? Nur jemand aus der unmittelbaren Umgebung. Jutta Ploch hatte ihm von ihrer Beobachtung erzählt, von der seltsamen Reaktion des jüngeren Nachbarsohnes. Doch was wäre dessen Motiv? Ein Schabernack? Ein kleiner Racheakt? Und wo war die Verbindung zum gewaltsamen Tod von Albin Berngruber? Gab es überhaupt eine Verbindung zwischen den rätselhaften Vorgängen und dem Mord? Guntram Berngruber konnte die Schrecken auslösenden Überraschungsmomente in den Raunächten selbst inszeniert haben. Damit hätte er eine mysteriöse Spur gelegt zu einem grauenvollen Ereignis, das noch in der Zukunft lag. Die schreckliche Tat als Folge gespenstischer Voraussagen. Wenn es so war, würde ihm auch das schwer nachzuweisen sein. Außer, Merana fiel vielleicht doch noch der entscheidende Hinweis ein, der irgendwo in der Tiefe seiner Wahrnehmung schlummerte. Wieder versuchte er mit aller Konzentration, sich zu erinnern. Doch der fiktive Vorhang mit den baumelnden Bändern vor seinem Gesicht verwehrte ihm weiterhin jede Klarheit.

»Geschätzter Herr Bürgermeister, hochgeehrte Familie unseres Gemeindeoberhauptes! Die Pongauer Perchten wünschen euch an Fried, an Reim und an Gsund!«

Die Gruppe der Schönperchten war inzwischen an der Ehrentribüne in der Mitte des Ortes angekommen. Merana stand in der ersten Reihe der Zuschauer, dicht eingezwängt zwischen einer holländischen Urlauberfamilie und dem Postenkommandanten. Er wusste nicht, was er von dem seltsamen Treiben auf der Straße vor ihm halten sollte. Aber das Dargebotene entlockte ihm doch eine gewisse Bewunderung. Bis zu vier Meter hoch waren die

Tafeln auf den Köpfen der Männer, prächtig geschmückt mit allerlei Gegenständen. Auf manchen Tafeln waren große Spiegel und Silberketten zu erkennen, wertvolles Geschmeide, seit Generationen angesammelter Familienschmuck, den die Bäuerinnen der Gemeinde extra zu diesem Anlass aus ihren Schatullen holten. Andere Tafeln zeigten ausgestopfte Tiere, Marder, Auerhähne, Köpfe von Rehböcken. Merana sah auch Getreideähren, Früchte, Blumen, bäuerliches Werkzeug. An die 40 Kilogramm schwer waren manche dieser Lasten. Damit durch den Ort zu marschieren, die mächtigen Tafeln auf dem Kopf zu balancieren und sich immer wieder bei den Reverenzen tief zu verneigen, war schon eine Leistung, die einem Respekt abnötigte. Abgesehen davon, dass die Parade der geneigten Tafeln auf den Köpfen der in Tracht gekleideten Männer ein unvergleichlicher Anblick war. Jeder der Tafelträger wurde von einer Person in Frauenkleidern begleitet. Die half mit, die schräg geneigten Tafeln zu stützen und wieder aufzurichten. In den Frauenkostümen steckten Männer. So wie in allen anderen Masken dieses Umzuges, von der Schnabelperchte bis zur Habergeiß. Perchtentreiben war im Salzburger Land Männersache, wie fast überall im Alpenraum. Merana betrachtete die Szene vor ihm. Die Tafelschönperchten verneigten sich nun vor weiteren Persönlichkeiten auf der Ehrentribüne, einem Landesrat und einer Bezirksobfrau. Das Team der RAI versuchte, möglichst viele Eindrücke festzuhalten. Merana sah einen italienischen Kameramann, eine italienische Moderatorin, einen einheimischen Licht- und Tonassistenten mit leicht ausländischem Akzent und eine Salzburger Festspieljournalistin, die als Dolmetscherin zwischen einem südländischen Regisseur und einem Pongauer Perchtenhauptmann fungierte. Ziemlich international, das Perchtentreiben. Er selbst stand neben einer holländischen Urlauberfamilie, die eben von einer Marketenderin der Musikkapelle mit Schnaps versorgt wurde. Wenigstens die Marketenderin war echt. Im Trachtendirndlkleid steckte tatsächlich eine junge Frau, kein Mann. Sie hatte ein kleines Holzfass umgehängt. »Ludwig, magst aa an Schnaps?« Die Marketenderin wandte sich an den Postenkommandanten. »Bin leider im Dienst, Cordula. Außer, der Herr Kommissar trinkt auch einen mit.« Merana nickte. »Darf ich Sie dazu einladen, Herr Kollege?«

Die junge Frau wartete, bis die Holländer ausgetrunken hatten. Dann nahm sie die geleerten Stamperln, griff zu einem Stofftuch, das an ihrer Schürze hing, wischte die Gläser aus und füllte sie erneut. »Zum Wohl, meine Herren.« Merana erstarrte.

Ein Bild tauchte vor seinem inneren Auge auf. Er blickte hinüber zur Ehrentribüne, dann wieder auf die Marketenderin. »Dann sage ich Danke, Herr Kommissar, und Prost.«

Der Bezirksinspektor leerte das Glas in einem Zug. Merana trank ebenfalls, gedankenabwesend. Er drückte der jungen Frau einen Geldschein in die Hand.

»Stimmt schon.« Das stark verschwommene Bild in seinem Inneren bekam Konturen. Er hatte immer noch das Gefühl, bunte Bänder baumelten vor seinen Augen, trübten den Blick. Aber er wollte den eben gewonnenen Erinnerungssplitter nicht wieder versinken lassen. Er schaute hinüber zu den Tafelperchten, dem Perchtenhauptmann und dem Fernsehteam, fixierte die Gruppe. Der Kameramann filmte, der Assistent richtete das Mikrofon aus, die Dolmetscherin redete auf den Bürgermeister ein, der Perchtenhauptmann schwenkte seinen Säbel. Mit einem Schlag war das Bild klar. Der Vorhang der baumelnden Perchtenbänder war verschwunden. Die Erinnerung hatte sich verfestigt. Er wusste nur nicht, wie er die Szene einordnen sollte, die ihm aufgefallen war. Sie schien so belanglos zu sein. Möglicherweise hatte sie auch überhaupt keine Bedeutung. Aber sie störte dennoch das Gesamtbild. Er wandte sich an den Revierinspektor. »Was ist damals aus Konrad Köhlers Kind geworden, nachdem sich der bedauernswerte Mann umgebracht hatte?« Der Polizist starrte den Kommissar an. Die Frage hatte ihn offenbar überrascht. »Ich weiß es nicht genau, Herr Kommissar. Wenn ich mich richtig erinnere, hat sich irgendeine Verwandte um das Kind gekümmert. Der Vorfall ist über 20 Jahre her.«

»Könnten Sie versuchen, so schnell wie möglich herauszufinden, was mit dem Kind passiert ist?«

Der Postenkommandant nickte. Merana drehte sich um. Nun hatte er es eilig. »Kommen Sie, Herr Kollege. Zurück zu Ihrem Dienstwagen. Lassen Sie uns ein paar wichtige Telefonate führen.«

Merana rief Otmar Braunberger an, seinen besten *Fährtenhund*, wie er den Abteilungsinspektor nicht ohne Stolz gerne bezeichnete. Eine Stunde später rief Braunberger zurück. Seine Angaben deckten sich mit dem, was der Postenkommandant inzwischen herausgefunden hatte. Der Revierinspektor hielt den Ausdruck von zwei Mailnachrichten in den Händen. Dreimal hatte er die Daten überprüft. Die Angaben stimmten.

»Was machen wir jetzt, Herr Kommissar?«

»Jetzt handeln wir.«

Die Veranstaltung war inzwischen zu Ende gegangen. Merana und der Postenkommandant fuhren zum Sammel- und Umkleideplatz, wo die Teilnehmer des Perchtenumzugs ihre Wagen abgestellt hatten. Zwei zottelfellbehangene Männer mit abgenommenen Masken verstauten eben ihre großen Glockengurte in einem schwarzen Kombi. Die Habergeiß neben dem Eingang zur Lagerhalle präsentierte sich in zwei Teilen. Der junge Mann, der über mehrere Stunden in gebückter Haltung den hinteren Part des Sagenwesens gebildet hatte, drückte mehrmals die Hände gegen seinen schmerzenden Rücken. Die Gruppe der Schönperchten hatte ihre schwere Last abgenommen. Die Tafeln würden gleich ins Depot gebracht werden, wo sie vier Jahre lang bis zum nächsten Einsatz lagerten. Im kommenden Jahr war eine andere Pongauer Gemeinde an der Reihe mit anderen Perchtendarstellern.

Merana und der Revierinspektor steuerten auf das italienische Fernsehteam zu, das auf dem Sammelplatz noch ein abschließendes Interview mit dem neuen Perchtenhauptmann filmte. Zwei uniformierte Beamte standen etwas abseits und ließen den Göldnerhofbauer nicht aus den Augen. Der Kommissar wartete das Ende des Interviews nicht ab, sondern schritt energisch ein.

»Guntram Berngruber, ich verhafte Sie wegen des Mordes an Ihrem Bruder, Albin Berngruber, Besitzer des *Dreieichenhofes*.« Der Wortlaut entsprach nicht exakt den polizeilichen Vorschriften, aber das war Merana egal. Ihm ging es in erster Linie darum, die Reaktion zu beobachten. Und die Reaktion, die er erwartet hatte, kam. Sie war nicht besonders ausgeprägt. Aber er hatte das kurze Funkeln in den Augen wahrgenommen. Dem Perchtenhauptmann blieb der Mund offen. Er versuchte, zu protestieren. Doch die beiden Uniformierten waren schon herangekommen und hielten ihn fest. Der Auftritt des Kommissars kam so überraschend, dass die Umstehenden die Szene noch gar nicht richtig erfasst hatten. Der Kameramann tauchte verwundert hinter seinem Sucher auf. Jutta Ploch schüttelte verwirrt den Kopf. Dann drehte Merana sich unvermittelt zur Seite.

»Ist es das, was Sie erreichen wollten, Edwin?«

Das Gesicht des Tonassistenten zeigte Verwirrung. »Ich weiß nicht, was Sie damit meinen?« Meranas Stimme blieb weiterhin ruhig. »Sie können zufrieden sein, wie sich die Lage darstellt. Ein Mann, der mithalf, Ihren Vater um Haus und Hof zu bringen, hat schon vor Jahren den Tod gefunden durch einen Unfall. Der zweite Mann, der Hauptakteur des betrügerischen Unternehmens, der in den Genuss des Besitzes kam, wurde in der vergangenen Nacht erschlagen. Und der dritte Beteiligte wird für den Mord am zweiten Mittäter büßen und hinter Gitter wandern. Das muss Ihnen doch Genugtuung verschaffen.«

Aus den Augenwinkeln bemerkte Merana, wie Jutta Plochs Kinnlade nach unten kippte. Blankes Entsetzen war der Journalistin ins Gesicht gezeichnet.

»Sind Sie verrückt, Herr Kommissar?« Der Perchtenhauptmann begann zu brüllen.

»Ich habe meinem Bruder nichts angetan. Was soll dieses Theater? Ich verstehe nicht ein Wort von dem, was Sie daherquatschen!«

Merana fasste den Perchtenchef am Arm und zog ihn direkt vor den Tonassistenten.

»Darf ich vorstellen, Herr Berngruber. Das ist Edwin Hiller, geboren als Edwin Köhler, Sohn des ehemaligen Besitzers des *Dreieichenhofes*, der sich vor den Zug warf, nachdem man ihn beim Kartenspiel um sein gesamtes Eigentum betrogen hatte. Der damals dreijährige Bub wurde von seiner Tante, der Schwester von Edwins bei der Geburt verstorbenen Mutter, nach Australien geholt, wo Rita Hiller seit über 20 Jahren verheiratet war. Die Tante adoptierte den Kleinen, und er nahm ihren Familiennamen an. Vor einem halben Jahr kam Edwin Hiller, geborener Köhler, hierher zurück, in jene ehemalige Heimat, an die er keine Erinnerung mehr hatte.

Wo ihm nichts geblieben war außer einem Grab, in der sein zur Verzweiflung getriebener toter Vater liegt. Und jetzt, Herr Perchtenhauptmann, dürfen Sie raten, warum Edwin Hiller zurückgekommen ist.«

Die Augäpfel quollen dem Göldnerhofbauern aus dem Gesicht. Er keuchte und starrte auf den jungen Mann, der mit regloser Miene vor ihm stand. Nur die Mundwinkel des Assistenten zuckten leicht. »Du warst es! Du hast Albin den Schädel eingeschlagen!« Schaum trat Guntram Berngruber aus dem Mund, er begann zu brüllen. »Herr Kommissar, der war es! Sie können doch nicht mir den Mord in die Schuhe schieben.« Die Menschen auf dem großen Platz hatten das Geschehen inzwischen mitbekommen. Die Gruppe der Zuschauer war größer geworden. Halb ihrer Kleidung entledigte Perchtenläufer bildeten einen schweigenden Kreis. Merana atmete tief durch. In solchen Momenten hasste er seinen Beruf. Wir tragen alle die zwei Seiten der Percht in uns, das Helle und das Dunkle. Das war ihm schmerzhaft bewusst. Wir allein sind dafür verantwortlich, welche der beiden Seiten stärker zum Vorschein kommt. Aber es ist oft so schwer, zu beurteilen, was tatsächlich hell oder dunkel ist. Die beiden Streifenpolizisten hielten immer noch den Perchtenhauptmann fest. Merana gab sich einen Ruck. »Nein«, sagte er und wandte sich ab. »Das kann ich nicht. Für den Tod Ihres Bruders kann ich Sie nicht büßen lassen. Damit haben Sie nichts zu tun.« Er gab den beiden Uniformierten ein Zeichen. Sie nahmen ihre Hände von Berngrubers Schultern. Die Stimme des Kommissars war leise geworden, als er sich an den jungen Mann wandte.

»Es tut mir leid für Sie, Edwin, was Sie durchmachen mussten. Aber ich kann nicht zulassen, dass Ihnen dieser letzte Teil Ihres Plans auch noch aufgeht.«

Der Assistent hob den gesenkten Kopf. Merana sah die blanke Wut in den Augen des jungen Mannes und wusste, dass er in allem recht gehabt hatte. Mit einem raschen Schritt trat Edwin Hiller auf Guntram Berngruber zu. Der wich entsetzt zurück. Die Polizeibeamten wollten dazwischen treten, aber Merana hob die Hand.

Der junge Mann hatte auch schon gestoppt. Die Wut in seinen Augen war immer noch grell wie bengalisches Feuer. Seine Stimme zischte.

»Es war ein Fehler. Ich hätte dich auch erschlagen sollen. Für einen Moment hatte ich das auch in Erwägung gezogen. Schade, dass du gestern Abend nicht doch im alten Stallgebäude nachgeschaut hast. Ich hätte das Beil aus dem Schädel deines Bruders gezogen und dich damit erwartet. Wirklich schade …« Dann sagte er nichts mehr. Er setzte sich einfach in den Schnee und ließ den Kopf hängen. Merana schaute in die Runde der Umstehenden. Keiner sprach ein Wort. Mit halb angezogenen Fellen und mit Larven in den Händen bildeten die Wesen, die eben noch Perchten gewesen waren, eine schweigende Mauer. Die Gestalten schauten lange auf den jungen Mann im Schnee und auf den zu Tode erschrockenen Hauptmann. Dann drehten sie sich um und gingen wortlos davon.

Jutta Ploch hatte ihren Pfefferminztee noch nicht angerührt. Sie saß in einer Ecke des Gasthofs, der gleich neben der Kirche lag, und wartete auf Merana. Neben ihr starrte der Postenkommandant auf den Tisch. Sein unberührter Kaffee war inzwischen kalt geworden. Nach einer halben Stunde kam der Kommissar und setzte sich zu den beiden.

»Hat er gestanden?« Die Stimme des Revierinspektors klang heiser.

Merana nickte. »Im Großen und Ganzen.«

»Und was passiert jetzt mit Guntram Berngruber?«

Der Kommissar zuckte mit den Schultern. »Ich weiß es nicht. Vielleicht ordnet der Staatsanwalt eine Untersuchung der Vorgänge vor 20 Jahren an. Es existiert ein Abschiedsbrief von Konrad Köhler. Den hatte er an seine Schwägerin gerichtet mit der Bitte, sich um das Kind zu kümmern. Darin schildert er, wie er seiner Ansicht nach von Albin und Guntram Berngruber unter Mithilfe von Hans Trollinger beim Kartenspiel reingelegt wurde. Rita Hiller ist vor acht Monaten in Australien gestorben. Edwin hat den Brief in den Unterlagen seiner Tante gefunden. Daraufhin beschloss er, hierher zu kommen.«

Der Postenkommandant nickte. Aus seiner Erinnerung tauchte das verschwommene Gesicht von Konrad Köhler auf, den er einmal auf dessen Hof besucht hatte. Zu einer Zeit, die noch nicht vom Unglück überschattet war. An das Kind konnte er sich nicht erinnern.

Merana war davon überzeugt, dass Edwin Hiller noch keinen festen Plan hatte, als er in seiner ehemaligen Heimat ankam. Sicher wollte er einfach nur die Lage sondieren. Aber dann fand er den Aufruf der RAI im Internet. Die Dokumentationsabteilung suchte einen Licht- und Tonassistenten mit internationaler Erfahrung für eine Produktion im Pongau. Edwin hatte auch mitbekommen, dass ein Großteil der Aufnahmen auf dem *Göldnerhof* und dem *Dreieichenhof* geplant war, dem ehemaligen Anwesen seiner Eltern. Dieses Angebot war für ihn eine gute Gelegenheit, einen Plan zu entwickeln. Und dieser Plan war ebenso genial wie grausam. Alle hatten sich immer darauf konzentriert, dass nur ein Insider die gespenstischen Gegenstände deponiert haben konnte. Jemand aus der Familie oder allenfalls aus der Nachbarschaft. Wer kam schon auf die Idee, dass ein unscheinbarer Assistent, zuständig für Ton und Beleuchtung und immer anwesend, dahinter steckte.

»Wie bist du draufgekommen, Martin?« Die Journalistin schob den kalten Tee zur Seite und schaute Merana an. Diese Frage weckte auch das Interesse des Postenkommandanten.

»Durch einen absoluten Zufall.« Der Kommissar hob

das Tischtuch und deutete auf den immer noch sichtbaren Kaffeefleck auf Jutta Plochs Hose. »Dadurch.«

Die Journalistin verstand nicht. Auch der Revierinspektor schaute ihn fragend an.

»Erinnert euch an die Szene heute Vormittag in der Küche des Bauernhofs. Jutta wurde durch Guntram Berngrubers ungestümes Aufspringen mit Kaffee angeschüttet. Und was passierte dann?«

Der Postenkommandant gab Antwort. »Dann ist Edwin Hiller aufgestanden, hat Salz und ein Tuch geholt und versucht, damit den Fleck zu behandeln. Was ist daran so ungewöhnlich?«

»Im Grunde gar nichts. Ein völlig harmloses Ereignis. Eine Szene so ganz nebenbei, die nichts mit der Befragung zum Tod des Erschlagenen zu tun hatte. Ich wundere mich selbst, dass mir diese scheinbare Belanglosigkeit hängen blieb. Aber wenn man genauer hinschaut, dann war an diesem Vorfall doch etwas ungewöhnlich.«

Er blickte auf seine beiden Zuhörer. Die schauten ihn nur groß an.

»Ihr habt mir vom gestrigen Abend erzählt, Jutta, von den Dreharbeiten im Stall mit den Perchtenmasken. Euren Berichten zufolge wart ihr gestern nicht im Haupthaus. Heute früh war die Tür verschlossen, ich habe selbst den Schlüssel zum Haus in der Tasche des Toten gefunden. Das Team saß also zum ersten Mal in der Küche des *Dreieichenhofes*. Stellt euch die Szene noch einmal vor. Eine Frau am Tisch wird angeschüttet. Ein junger Mann springt auf, um zu helfen. Er holt den Salzstreuer und ein Tuch. Und jetzt kommt die Frage, die ich mir leider in diesem Moment nicht stellte, die mir erst viel später dämmerte: W o h e r wusste der junge Mann, wo sich in dieser Küche Salz und Stoffservietten befinden? Ihr müsst euch ganz genau erinnern. Als das kleine Missgeschick passierte, wollten auch alle anderen im Raum irgendwie helfen. Jeder schaute sich um, ob zufällig etwas herumlag, um den Fleck abzuwischen. Edwin Hiller war der Einzige, der zielstrebig agierte. Er suchte nicht lange. Er hat unter den vielen Möglichkeiten, die diese Küche bietet, genau die richtige Lade und die richtige Kastentür geöffnet.«

Der Postenkommandant schaute ihn ungläubig an.

»Sie meinen, Herr Kommissar, der Junge hat sich erinnert, wo vor 20 Jahren Salz und Servietten untergebracht waren? Er war damals drei Jahre alt. Das kann doch nicht sein.«

Trotz der schrecklichen Ereignisse der vergangenen Stunden musste Merana lächeln. »Nein, Herr Kollege, natürlich nicht. Er hat sich nur erinnert, wo er gestern Abend Salz und Servietten gesehen hatte.«

Die beiden am Tisch starrten ihn immer noch verblüfft an.

»Edwin Hiller hatte einen ganz einfachen Plan. Er kam gestern am späten Abend noch einmal zum *Dreieichenhof*. Er klopft an die Türe, Albin Berngruber macht ihm auf. Der junge Mann gibt vor, er habe am Nachmittag einen der Scheinwerfer im ehemaligen Stall liegen lassen. Den bräuchte das Team dringend für eine Nachtaufnahme. Der Hausherr sitzt gerade bei Wein und Käse und lädt den jungen Mann ein, kurz hereinzukommen. Den Scheinwerfer könnten sie auch danach holen.« Die Journalistin und der Revierinspektor nickten. Sie versuchten, sich das Geschehen vorzustellen.

»Es lief genau so ab. Edwin hat es mir vorhin beim Verhör geschildert. Im ersten Augenblick hatte er gestern gezögert, doch dann gab er der Verlockung nach, dem Mann noch bei Wein, Käse und Brot gegenüber zu sitzen, dem er gleich darauf den Schädel einschlagen würde. Und so ist er ihm in die Küche gefolgt.«

Jutta Ploch fröstelte. Merana berichtete weiter. Aber seine beiden Zuhörer konnten sich den Rest der gestrigen Ereignisse auch selber ausmalen.

»Nach der kurzen Jause folgt Edwin dem Hausherrn in den ehemaligen Stall mit den Perchtenmasken. Dort greift er zum Beil, das auf der kleinen Werkbank liegt und schlägt zweimal zu. Danach geht er ins Haus hinüber, verräumt Gläser und Weinflasche, verwischt alle Spuren. Er löscht die Lichter, versperrt die Tür und kehrt zurück in den Stall. Albin Berngrubers Handy hat er mitgebracht. Denn er muss den Bruder in die Nähe des Tatortes locken, wenn sein Plan funktionieren sollte, Guntram zum Hauptverdächtigen zu machen. Und dieses Vorhaben wäre auch fast aufgegangen.«

Die Kulturjournalistin gab der Kellnerin ein Zeichen. Sie brauchte jetzt dringend einen Schnaps. Ohne zu fragen, bestellte sie für die beiden Männer gleich mit.

»Ich ziehe meinen Hut vor dir, Martin Merana. Wie kann man nur von dieser harmlosen Szene mit dem verschütteten Kaffee auf die Lösung des Falls kommen?«

Merana war nicht nach Lob zumute. Die Ereignisse waren zu traurig. »Es war absoluter Zufall. Etwas hatte mich am heutigen Vormittag gestört, und ich wusste lange nicht, was. Irgendein harmloses Detail passte nicht ins Bild. Dann sah ich eine Marketenderin, die nach einer Stoffserviette griff, um ein Schnapsglas auszuwischen. Das war der Auslöser. In meiner Erinnerung begann es zu dämmern. Plötzlich war mir die Szene wieder präsent. Ich sah den jungen Mann zielstrebig Lade und Kastentür an den Küchenmöbeln öffnen. Und ich fragte mich, woher er das konnte, wenn er offenbar noch nie zuvor in diesem Raum gewesen war. Das musste gar nichts bedeuten, das konnte purer Zufall sein. Aber es ließ mir keine Ruhe. Auf den ersten Blick hatte der junge Mann auch gar nichts mit dem Fall zu tun. Aber mein Gedankenkarussell begann sich zu drehen.«

»Und da haben Sie sich gefragt, wer könnte auf dieser Welt noch einen Grund haben, Albin Berngruber etwas anzutun …«, ergänzte der Revierinspektor.

Die Kellnerin brachte die Schnäpse. »Geht aufs Haus.«

Sie griffen nach den Gläsern. Plötzlich war Gesang im Raum. Die drei hatten gar nicht bemerkt, dass sich eine Gruppe von Kindern in der Gaststube eingefunden hatte.

Wir kommen daher aus dem Morgenland,
wir kommen geführt von Gottes Hand.
Wir wünschen euch ein fröhliches Jahr,
Kaspar, Melchior und Balthasar.

Die Gruppe der Sternsinger vollendete ihr Lied. Dann begaben sich die geschminkten Könige samt ihrem großen goldenen Stern und der silbernen Sammelbüchse an die Tische der Gäste. Vor lauter Perchten hatte Merana völlig vergessen, dass heute der 6. Jänner war, das Fest der Heiligen Drei Könige. Er warf einen großen Schein in die mit Folie überzogene Spendenschachtel. Die Großmutter hatte heute sicher auch die Sternsingergruppe aus dem Ort empfangen. Die Kinder zogen wieder ab, machten sich auf zu ihrer nächsten Station.

Merana hob sein Glas und prostete den anderen zu. »Na dann, auf den letzten Weihnachtstag. Ich bin froh, wenn diese Zeit wieder vorbei ist.«

Der Postenkommandant hob die Hand zum Einwand. »Je nachdem, wie man es sieht, Herr Kommissar. Genaugenommen dauert die Weihnachtszeit bis Maria Lichtmess. Das ist am 2. Februar, bis dahin sind es noch 27 Tage.«

»Dann vergehen nicht einmal elf Monate, und schon stehen die nächsten Weihnachten vor der Tür, samt aufregend geheimnisvollen Raunächten.« Jutta Ploch zwinkerte dem Kommissar zu. »Wo wirst du dann sein, Martin Merana?«

»Weit weg, irgendwo im Süden.« Er trank seinen Schnaps aus. »Vielleicht in der Karibik. Ich nehme jedes Land, wo es keine Perchten gibt.«

Alle drei lachten. Eine Runde Vogelbeer wollten sie sich noch gönnen. Merana wusste genau, dass das mit der Karibik nicht stimmte. Er würde auch das nächste Weihnachtsfest im Pinzgau verbringen, bei der Großmutter. Sie würden die Kerzen am Christbaum anzünden und Geschenke austauschen. Und die Großmutter würde mit der Räucherpfanne voraus durchs Haus gehen.

Im Grunde seines Herzens liebte Merana Weihnachten.

Und er liebte die Großmutter.

Und die liebte Weihnachten auch.

ENDE

Manfred Baumann
Drachenjungfrau
978-3-8392-1587-6

»Martin Merana ermittelt im schaurig-schönen Ambiente der berühmten Krimmler Wasserfälle.«

Am Fuß der beeindruckenden Krimmler Wasserfälle liegt ein totes Mädchen: Lena Striegler, siebzehnjährige Schönheit, Gewinnerin der Vorausscheidung zum groß inszenierten Austrian Marketenderinnen Award. Der Salzburger Kommissar Martin Merana ermittelt erstmals in der Provinz, zwischen den kuriosen Abgründen einer rustikalen Casting-Show und den mystischen Geheimnissen einer alten Sage. Während Merana den Kreis der Verdächtigen einschnürt, geschehen weitere rätselhafte Dinge im Ort …

Wir machen's spannend